»Küssen ist ein süßes Spiel«, schrieb einst Chamisso, und daran war und ist nichts zu deuteln. Die wissenschaftlichen Fragen: Warum küssen sich die Menschen? und: Was geschieht chemisch, biologisch beim Küssen? werden immer wieder in Zeitungen, Sachbüchern und Talkshows ausführlich diskutiert. Als ob die Klärung dieser Probleme nicht völlig nebensächlich wäre! Das einzig Entscheidende ist: wer wen wann wo wie küßt! Da sind den Variationsmöglichkeiten keinerlei Grenzen gesetzt. Diese wiederum spiegeln sich in der Literatur aller Zeiten: Wir lesen von ersten Küssen, scheuen Küssen, ersehnten, heißen, unerwiderten Küssen, Abschiedsküssen, auch von verunglückten, lächerlichen, verlogenen, folgenschweren und ungeschickten Küssen. Es finden sich in der Dichtung Kußanleitungen und genaueste Unterscheidungen der verschiedenen Gestaltungsmöglichkeiten – so etwa bei Lessing und Grillparzer, daneben auch unmißverständliche Aufforderungen – bei Ulla Hahn, Thomas Mann oder Ernest Hemingway. Die versuchten Definitionen – bei Rudolf Bilz, Oskar Panizza – sollte man mit einem Augenzwinkern lesen. Manche Autoren feiern den Kuß auch als ein großes, folgenschweres Erlebnis, etwa Elias Canetti, Julian Barnes oder Johann Wolfgang Goethe. Doch letztlich sind alle über jeden Zweifel erhaben und bekennen sich freudig zum Küssen. Lassen Sie, liebe Leser, sich verführen zum Lesen übers Küssen, zum Lesen und zum Küssen!

insel taschenbuch 2168

Der Kuß

Der Kuß

Von der schönsten Sache der Welt

Herausgegeben von
Doris Maurer

Insel Verlag

Umschlagabbildung:
Roy Lichtenstein, Der Kuß. 1962.

insel taschenbuch 2168
Erste Auflage 1998
Originalausgabe

Textnachweise am Schluß des Bandes
Vertrieb durch den Suhrkamp Taschenbuch Verlag
Umschlag nach Entwürfen von Willy Fleckhaus
Satz: Hümmer GmbH, Waldbüttelbrunn
Druck: Nomos Verlagsgesellschaft, Baden-Baden
Printed in Germany

1 2 3 4 5 6 – 03 02 01 00 99 98

Inhalt

Miß mich von Mund zu Mund

Der erste Kuß

Doch wagt ich es

Sie hat sich mein erbarmet

Du umgekehrter Märchenprinz, du

Vorwort

»Küssen ist ein süßes Spiel«, schrieb 1829 Adelbert von Chamisso, und daran war und ist nichts zu deuteln. Die wissenschaftlichen Fragen: Warum küssen sich die Menschen? und: Was geschieht chemisch, biologisch beim Küssen? werden immer wieder in Zeitungen, Sachbüchern, Talkshows ausführlich diskutiert. Als ob die Klärung dieser Probleme nicht völlig nebensächlich wäre! Ob sich der Kuß aus einer Form von Nahrungsaufnahme entwickelte oder ob die Frauen im alten Troja so die Flüche ihrer Männer schon auf den Lippen erstickten, ist ebenso unerheblich wie Überlegungen, die sich mit dem Übertragen von Karies oder dem Verhindern von Krankheiten durch Küssen, dem Ansteigen des Blutdrucks und dem Beschleunigen der Pulsfrequenz beschäftigen.

Das einzig Entscheidende ist: wer wen wann wo wie küßt! Da sind den Variationsmöglichkeiten keinerlei Grenzen gesetzt. Diese wiederum spiegeln sich in der Literatur aller Zeiten: Wir lesen von ersten Küssen, scheuen Küssen, ersehnten, heißen, unerwiderten Küssen, Abschiedsküssen, auch von verunglückten, lächerlichen, verlogenen, folgenschweren, ungeschickten Küssen usw. usw. Die deutsche Lyrik scheint kein Thema – vielleicht mit Ausnahme des Mondes – so beflügelt zu haben wie der Kuß.

Es finden sich in der Dichtung Kußanleitungen und genaueste Unterscheidungen der verschiedenen Gestaltungsmöglichkeiten, so etwa bei Gotthold Ephraim Lessing und Franz Grillparzer, daneben auch unmißverständliche Aufforderungen, so bei Ulla Hahn, Thomas Mann und Ernest Hemingway. Die versuchten Definitionen – bei Rudolf Bilz, Oskar Panizza – sollte man mit einem Augenzwinkern lesen.

Manche Autoren feiern den Kuß als ein großes, folgenschweres Erlebnis, etwa Elias Canetti, Julian Barnes, Johann Wolfgang Goethe.

Andere scheint dieser Liebesbeweis zu erschrecken, davon lesen wir bei Virginia Woolf, Giorgio Bassani, Barbara Pym. Sei es nun als unfreiwilliger Zuschauer, abgewiesener Liebhaber oder peinlich berührtes ›Opfer‹ – keine dieser literarischen Heldinnen und keiner der Helden ist berauscht vom Küssen.

Es fehlen auch nicht die gewöhnlichen Enttäuschungen: Nicht jede küßt der Märchenprinz, und nicht alle können küssen. Aber ironisch-gebrochen sind solche verunglückten Küsse in der Literatur gut zu ertragen, so die Routine bei Keto von Waberer, das Ungeschickte bei Edward Morgan Forster und die Beinahe-Katastrophe bei Franz Hohler.

Mit tränenreichen Abschiedsküssen von Goethe und Georg Hermann und verstörenden, unheimlichen Küssen von Automaten und Toten wird die Textauswahl beschlossen, um am Ende doch jeden Zweifel zu beheben und sich freudig zum Küssen zu bekennen.

Lassen Sie sich verführen zum Lesen übers Küssen, zum Lesen und zum Küssen!

Küssen ist ein süßes Spiel

Adelbert von Chamisso
Küssen will ich, ich will küssen

Freund, noch einen Kuß mir gib,
Einen Kuß von deinem Munde,
Ach! ich habe dich so lieb!
Freund, noch einen Kuß mir gib.
Werden möcht ich sonst zum Dieb,
Wärst du karg in dieser Stunde;
Freund, noch einen Kuß mir gib,
Einen Kuß von deinem Munde.

Küssen ist ein süßes Spiel,
Meinst du nicht, mein süßes Leben?
Nimmer ward es noch zu viel,
Küssen ist ein süßes Spiel.
Küsse, sonder Zahl und Ziel,
Geben, nehmen, wiedergeben,
Küssen ist ein süßes Spiel,
Meinst du nicht, mein süßes Leben?

Gibst du einen Kuß mir nur,
Tausend geb ich dir für einen.
Ach wie schnelle läuft die Uhr,
Gibst du einen Kuß mir nur.
Ich verlange keinen Schwur,
Wenn es treu die Lippen meinen,
Gibst du einen Kuß mir nur,
Tausend geb ich dir für einen.

Flüchtig, eilig wie der Wind,
Ist die Zeit, wann wir uns küssen.
Stunden, wo wir selig sind,

Flüchtig, eilig wie der Wind!
Scheiden schon, ach so geschwind!
Oh, wie werd ich weinen müssen!
Flüchtig, eilig wie der Wind,
Ist die Zeit, wann wir uns küssen.

Muß es denn geschieden sein,
Noch nur einen Kuß zum Scheiden!
Scheiden, meiden, welche Pein!
Muß es denn geschieden sein?
Lebe wohl, und denke mein,
Mein in Freuden und in Leiden,
Muß es denn geschieden sein,
Noch nur einen Kuß zum Scheiden!

Yukio Mishima
Dieser warme, honiggleiche Mund

Auf die Frage der Kulis, wohin es denn gehen solle, hatte Kiyoaki, wohlwissend, daß Satoko genauso empfand, geantwortet: »Das ist uns ganz einerlei. Lauft, so weit ihr könnt!« Als sich darauf die Zugstangen gehoben, hatten sie, ein wenig zurückgelehnt, ihre Haltung gestrafft, ohne dabei einander auch nur an den Händen zu fassen. (...)

Das Schaukeln der engen, viereckigen Düsternis machte, daß seine Gedanken verwirrt hierhin und dorthin flogen; und um die Blicke von Satoko abzuwenden, hatte er keine andere Möglichkeit, als auf den Schnee zu starren, der auf das kleine, gelbe Zelluloid des Guckfensters fiel. Endlich schob Kiyoaki seine Hand unter das Plaid. Dort erwartete ihn mit der im warmen Nest auf der Lauer liegenden Spitzbübigkeit Satokos Hand.

Eine einzelne Schneeflocke stiebte herein und setzte sich auf Kiyoakis Braue. Als Satoko sie bemerkte und aufjauchzte, hatte Kiyoaki unbewußt sein Gesicht zu ihr umgewandt; nun spürte er einen kühlen Hauch, der sich auf seine Lider legte. Rasch schloß Satoko die Augen. Da hatte Kiyoaki dieses Gesicht, diese geschlossenen Augen genau vor sich. Nur das Kyōto-Rouge auf den Lippen glänzte ein wenig; sonst zitterte das Gesicht mit verschwimmenden Konturen wie eine Blume, die man mit der Fingerspitze leicht angestoßen hat.

Kiyoakis Herz klopfte heftig. Deutlich fühlte er, daß ihm der hohe, steife Kragen der Uniform die Kehle zuzuschnüren drohte. Nie war ihm etwas so unverständlich gewesen wie Satokos stilles, weißes Gesicht mit den geschlossenen Augen.

Satokos Hand, die unter dem Plaid die seine hielt, begann ein wenig, ein ganz klein wenig fester zuzudrücken. Hätte er dies als ein Signal empfunden, müßte es ihn abermals verletzt haben; doch so war er, von ihrer sanften Gewalt geführt, wie völlig selbstverständlich imstande, seine Lippen auf Satokos Lippen zu legen.

Im nächsten Augenblick versuchte das Schaukeln der Rikscha die Lippen wieder auseinanderzureißen. Also nahm Kiyoaki, um jeder Erschütterung zu widerstehen, instinktiv eine solche Haltung ein, daß die Stelle, an der sich die Lippen berührten, sozusagen zum ruhenden Pol wurde. Und er hatte den Eindruck, als würde um diesen Pol herum ein unsichtbarer, ungewöhnlich großer und duftender Fächer aufgeschlagen.

Währenddessen erlebte Kiyoaki zwar tatsächlich ein Außersichsein; dennoch hieß das nicht, daß er nicht auf sein Äußeres bedacht gewesen wäre. Davon ausgehend, daß seine eigene Schönheit und Satokos Schönheit gerechterweise als gleichwertig anzusehen waren, stand es nach seinem Dafürhalten außer Frage, daß nun ihrer beider Schönheit wie Quecksilberperlen in eines zusammenfloß. Alle Verweigerung, Irritation und Schärfe – sie waren ihrer Art nach ohne jeden Bezug zur Schönheit; und er erkannte, daß der blinde Glaube an das isolierte Individuum eine Krankheit war, nicht des Körpers, sondern allein des Geistes.

Als Kiyoakis innere Unsicherheit restlos fortgewischt war, als er sich seiner Glückssituation ganz vergewissert hatte, gewann ihr Kuß allmählich eine stärkere Entschiedenheit. Gleichzeitig damit wurden Satokos Lippen weicher und weicher. Aus Furcht, er könnte völlig in diesen warmen, honiggleichen Mund hinein aufgelöst und fortgesogen werden, hätte Kiyoaki gern mit den Fingern irgend etwas berührt, das Form besaß. Er zog seine Hände unter dem Plaid hervor, legte sie um Satokos Schultern, faßte sie am Kinn. Dabei ertasteten seine Finger die von der Haut ihres Kinns überspannten zarten, zerbrechlichen Knochen, womit er sich wieder dieses anderen Körpers, der Ausprägung eines Individuums vergewissert hatte, das deutlich außer ihm selber existierte; doch diesmal steigerte das die Harmonie des Kusses nur noch.

Aus Satokos Augen begannen Tränen zu fließen. Kiyoaki bemerkte es daran, daß sie bis auf seine Wangen herüberrollten. Er empfand es mit Stolz. Aber in diesem Stolz war nicht die Spur mehr von Befriedigung, wie sie dem nach Belieben gewährten Wohlwollen entsprang; auch an Satoko war ja nichts mehr geblieben von der kritischen, auf den Altersunterschied pochenden Überlegenheit. Ihre Ohren, ihre Brust, die er mit seinen Fingerspitzen berührte, jede der neu erfahrenen sanften Einzelheiten ergriff ihn. Und er lernte: dies ist Zärtlichkeit. Daß man die wie Nebel sich so leicht verflüchtigende Sinnlichkeit dem Gestalteten anvertraut und festhält in ihm. So dachte er jetzt an nichts als an sein eigenes Glück. Das war das Höchste an Selbstaufgabe, zu dem er fähig war.

Der Augenblick dann, in dem ein Kuß endet. Erfüllt von jenem schwermütig schmerzlichen Bedauern, das, wie beim widerwilligen Erwachen, so müde man noch ist, schließlich doch der achatfarbenen Morgensonne nicht zu widerstehen vermag, die durch die dünne Haut der Lider dringt. Und dabei hatte eben da die Köstlichkeit des Schlafs ihren Gipfel erreicht.

Als ihre Lippen sich voneinander lösten, blieb eine unheilvolle Stille zurück, wie wenn Vögel, die bis jetzt fröhlich gezwitschert, plötzlich verstummt wären. Sie konnten sich nicht in die Augen sehen, starr saßen sie da. Aber das Schaukeln der Rikscha half ihnen auf seine Weise aus dem Schweigen heraus. Indem es sie spüren ließ, daß sie noch eine Menge anderes vor sich hatten.

Kiyoaki blickte zu Boden. Wie weiße Mäuse, die aus einem grünen Grashaufen Gefahren witternd und vorsichtig um sich schauen, spähten die Spitzen von Satokos hellen *Tabi*-Socken klein und schüchtern unter dem Plaid hervor. Zudem waren sie von einer dünnen Schneeschicht überzogen.

Da seine Wangen schrecklich heiß waren, legte er, wie ein Kind, die Hand auch auf Satokos Wange und stellte zufrieden fest, daß sie genauso heiß war wie die seine. Hier allein war es bereits Sommer.

»Ich werde das Verdeck aufmachen.«

Satoko nickte.

Kiyoaki breitete die Arme weit aus und entfernte die vordere Plane. Die viereckige, vom Schnee aufgerichtete Kulissenwand vor ihnen brach wie eine fallende weiße Schiebetür lautlos in sich zusammen.

Die Kulis hatten etwas bemerkt und hielten an.

»Nein, nein, fahrt nur zu!« schrie Kiyoaki. Seinen hellen,

jungenhaften Schrei im Rücken, setzten sie sich wieder in Trab. »Lauft! Lauft, was ihr könnt!«

Und die Rikscha glitt dahin, während die Männer einander anfeuerten mit ihren rhythmischen Rufen.

»Wenn uns jemand sieht«, meinte Satoko und versteckte dabei ihre noch feuchten Augen tief im Wagen.

»Was kümmert es uns?!«

Kiyoaki war erstaunt darüber, wie entschieden seine eigene Stimme klang. Er begriff. Es war ihm darum zu tun, der Welt die Stirn zu bieten.

Guy de Maupassant
Schmatzende Küsse wie einst

Eines Nachts bald darauf rüttelte sie ihn so plötzlich wach, daß er vor Schreck in die Höhe fuhr und so rasch auf seine Sitzfläche kam, wie ihm das sonst nie passierte.

»Wa...?« lallte er. »Was ist los?«

Sie packte ihn beim Arm und kniff ihn dermaßen, daß er fast aufgeschrien hätte. Sie zischelte ihm ins Ohr: »Ich habe – ein Geräusch gehört, im Haus!«

An das Alarmschlagen seiner Frau zur Genüge gewöhnt, ließ er sich nicht gleich aus der Ruhe bringen und fragte gelassen: »Was für ein Geräusch, meine Beste?«

Sie zitterte wie Espenlaub und stammelte: »Ein Geräusch... na eben solch ein Geräusch... ein Geräusch von Schritten... Es ist jemand da!«

Er traute ihr noch nicht recht: »Jemand da? Du glaubst...? Aber nein, du mußt dich täuschen. Wer denn, was willst du...?«

Sie bebte an allen Gliedern: »Wer...? Wer...? Einbrecher, du Schwachkopf!«

Er schob sich gemächlich wieder unter seine Decke: »Aber woher denn, meine Liebe, kein Mensch ist da, du hast geträumt, bestimmt...!«

Da schleuderte sie die Bettdecke von sich, sprang aus dem Bett und schrie außer sich: »Du bist also ebenso feige wie unfähig! Aber ich denke nicht daran, mich massakrieren zu lassen, nur weil du ein solcher Schlappschwanz bist!«

Damit ergriff sie die Feuerzange und pflanzte sich in Kampfpositur vor der zugeriegelten Tür auf.

Von so beispielhafter Tapferkeit mitgerissen oder vielleicht auch an seiner Mannesehre gepackt, stieg er etwas knurrig aus den Federn, ergriff, ohne seine baumwollene Schlafmütze abzustreifen, die Kohlenschippe und bezog Stellung neben seiner besseren Hälfte.

An die zwanzig Minuten lauerten sie so, in tiefstem Schweigen. Kein neues Geräusch störte die Ruhe des Hauses. Dann suchte Madame wütend wieder ihr Nachtlager auf und erklärte: »Aber trotzdem – ich nehme Gift drauf, daß irgend jemand da war...!«

Um einen neuen Streit zu vermeiden, unterließ er am nächsten Tag jede Anspielung auf jene nächtliche Panik.

Aber in der darauffolgenden Nacht rüttelte Madame Lebour ihren Mann noch heftiger munter als das vorhergehende Mal und stammelte atemlos: »Gustave, Gustave, eben hat jemand die Gartentür aufgemacht!«

Erstaunt über solche Besessenheit, meinte er, seine Bettgefährtin habe somnambule Anwandlungen, und gerade wollte er sie diesem unheimlichen Trancezustand entreißen, als ihm schien, er vernehme in der Tat ein leises Geräusch unterhalb der Hausmauer.

Er fuhr aus dem Bett, lief ans Fenster und sah – sah wahrhaftig einen weißen Schatten, der eilig über den von Bäumen eingefaßten Weg lief.

Er murmelte, wankend: »Da ist jemand!« Dann nahm er

alle seine Sinne zusammen, faßte sich wieder, und plötzlich, von der Wut des Hausherrn gepackt, in dessen Gehege man eingebrochen ist, legte er los: »Na wartet, wartet – ihr sollt was erleben!«

Er stürzte zum Schreibpult, riß es auf, bewaffnete sich mit seinem Revolver und raste die Stiege hinunter.

Seine Frau hastete ganz aufgelöst hinter ihm her und zeterte: »Gustave, Gustave, lauf doch nicht weg von mir, laß mich nicht allein, Gustave, Gustave!«

Aber er hatte kein Ohr mehr für sie; schon war er an der Gartentür. Da kletterte sie schnell wieder nach oben und verbarrikadierte sich in ihrem ehelichen Schlafgemach.

Sie lauschte fünf Minuten, zehn Minuten, eine Viertelstunde. Eine wahnsinnige Angst überkam sie. Zweifellos hatten sie ihn zur Strecke gebracht, gepackt, geknebelt, erwürgt. Lieber hätte sie das Ballern seiner sechs Revolverschüsse gehört, die Gewißheit gehabt, daß er im Kampf stand, sich verteidigte. Aber das große Schweigen, dieses entsetzliche Schweigen, das draußen herrschte, war zu viel für sie.

Sie klingelte nach Céleste. Céleste ließ sich nicht blicken, meldete sich nicht. Sie klingelte von neuem, mit letzter Kraft; ihr wollten die Sinne schwinden. Das ganze Haus blieb grabesstumm.

Sie drückte die schweißnasse Stirn gegen die Scheibe, versuchte die Finsternis draußen mit ihren Blicken zu durchdringen. Sie unterschied nichts als die schwärzeren Schatten der Hecken neben den grauen Spuren der Wege.

Es schlug halb zwölf. Drei Viertelstunden bereits war ihr Mann weg. Den sah sie nicht wieder: Nein, todsicher, sie würde ihn nie wiedersehen –! Aufschluchzend fiel sie auf die Knie.

Zweimaliges leichtes Klopfen gegen die Schlafzimmertür brachte sie mit einem Satz wieder auf die Füße. Monsieur

Lerebours Stimme erscholl: »Mach doch schon auf, Palmyre, ich bin's!« Sie stürzte zur Tür, schloß sie auf und stand vor ihm, die Fäuste in die Seiten gestemmt, die Augen noch verquollen von Tränen: »Wo kommst du endlich her, du Untier? Hach, und mich läßt du inzwischen hier fast vergehen vor Angst, so allein, hach, und du bleibst seelenruhig weg, kümmerst dich gar nicht um mich, als ob ich überhaupt nicht da wäre...«

Er hatte die Tür hinter sich zugezogen und lachte, lachte wie ein Verrückter, den Mund aufgerissen bis über beide Backen, die Hände überm Bauch, Tränen in den Augen.

Madame blieb vor Verblüffung die Sprache weg.

Er gluckste: »Das war... das war, ha... Céleste, die ihr... ihr... ihr Stelldichein hatte, im Treibhaus... Wenn du wüßtest, was ich... was ich... was ich gesehen habe...«

Sie hatte alle Farbe verloren und erstickte fast vor Entrüstung: »Was erzählst du da...? Céleste... in mei... in mei... meinem Haus... in mei-nem Treibhaus?! Und du hast ihn nicht auf der Stelle niedergeknallt, ihren Kerl da, diesen Lumpen? Du hattest deinen Revolver dabei und hast den Burschen nicht niedergeknallt... hach... und das... das bei mir...«

Sie sank auf ihre Sitzflache; sie konnte nicht mehr.

Er machte einen Luftsprung, schnipste mit den Fingern, daß es wie Kastagnetten klang, schnalzte mit der Zunge und wieherte in einem fort: »Wenn du wüßtest... wenn du wüßtest...« Und wupps! drückte er sie auch schon ab.

Sie entwand sich seiner Umarmung. Und ihre Stimme schnappte fast über vor Wut: »Ich sag dir – das Mensch bleibt mir keinen Tag länger hier, verstanden? Keinen Tag... keine Stunde! Wenn sie wiederkommt, fliegt sie in hohem Bogen hinaus...!«

Monsieur Lerebour hatte seine Ehehälfte um die Taille gefaßt und drückte ihr Küsse reihenweise auf den Hals, schmatzende Küsse wie einst. Ihr blieb die Luft weg – wie angenagelt saß sie da vor Staunen! Aber er, er ließ nicht locker mit seinen Armen und zog sie sacht zum Bett...

Am Morgen – es ging schon auf halb zehn – klopfte Céleste, ganz verwundert, daß ihre Herrschaft, die doch sonst beizeiten aus den Federn war, sich noch nicht blicken ließ, leise an die Schlafzimmertür.

Sie lagen im Bett und plauderten heiter, Seite an Seite, miteinander. Ganz starr blieb sie stehen und fragte: »Madame – und der Kaffee mit Sahne?«

Madame Lerebour erwiderte ihr mildgestimmt: »Bring ihn her, liebes Kind, wir sind noch ein wenig mitgenommen, wir haben sehr schlecht geschlafen heute nacht...!«

Kaum war der dienstbare Geist des Hauses hinaus, da konnte sich Monsieur Lerebour nicht mehr halten vor Lachen, kitzelte seine Holde und prustete immer wieder: »Wenn du wüßtest, oh, wenn du wüßtest!«

Sie aber hielt ihm die Hände fest. »Na, wir werden ja sehen, bleib jetzt mal schön still, mein Lieber, es tut dir nicht gut, wenn du dich so verausgabst mit Lachen...!«

Und nachsichtig drückte sie ihm einen Kuß auf die Augen.

Madame Lerebour hat keinen Grund mehr, schlecht gelaunt zu sein. In den hellen Nächten lustwandeln die beiden Ehegatten manchmal beschwingten Schrittes an ihren Hekken und Beeten entlang – bis zu dem kleinen Treibhaus am Ende des Gartens. Und dort bleiben sie stehen, nebeneinander gegen die Glasfenster gedrückt, als schauten sie da drinnen einem seltsamen, doch äußerst amüsanten Vorgang zu.

Der Céleste haben sie den Lohn erhöht.

Monsieur Lerebour hat ganz schön abgenommen.

Gabriel Barylli
Weingeistbildung durch intensives Küssen

Maria lebte und lachte und saß mit mir im Café Florian am Markusplatz in Venedig, und der freundliche, distinguierte Herr, der auch mich schon versorgt hatte, stellte ihr einen Kaffee vor ihr Lachen und einen gut gekühlten Martini – da sie sich erst an eine Mentha wagen wollte, nachdem sie bei mir gekostet hatte.

»Was hast du erlebt?« – fragte ich und rückte meinen Stuhl in die Nähe ihrer Sitzgelegenheit, so daß keine Lücke mehr blieb, durch die man hätte zu Boden plumpsen können.

»Ach – viel und gar nichts«, sagte sie und schleckte ihren schaumigen Löffel wie ein schnurrendes Kätzchen ab, das eine Schüssel voll süßem Rahm am Frühstückstisch entdeckt hatte.

»Eigentlich habe ich die längste Zeit an dich gedacht« – flüsterte sie hinter dem Rand ihrer Kaffeetasse hervor und blinzelte mir verräterisch zu. »Ist das ein Fehler?«

»Kann ich mir nicht vorstellen – noch dazu, wo ich ja auch andauernd an dich gedacht habe –«

»Lüge.«

»Nein!«

»Lüge ...«

»Also gut – nicht andauernd, aber jeder zweite Satz hat mit einem großen M begonnen.«

»M wie Martin?!«

»M wie Maria!«

»Ach so –«

»So wahr mir Gott helfe.«

»Ich glaube es dir.«

»Danke ...«

»So was trinkst du« – sagte sie dann und schnupperte neugierig an meinem Glas –

»Ja, so was trinke ich«, antwortete ich und war auf ihren Gesichtsausdruck nach dem ersten Schluck gespannt.

»Ach – das probiere ich morgen.«

»Wenn wir dann noch leben –«

»Das werden wir. Und zwar so gut wie überhaupt noch nie.«

Ein summendes Ziehen lag plötzlich in meinem Körper, und über den Moment des »Hier und Jetzt« stülpte sich eine hellrot schimmernde Kugel, in deren Mittelpunkt unsere Augen eine Umarmung erlebten wie Romeo und Julia, bevor die Vögel zu stören begannen.

Es zog mein Gesicht zu ihrem Gesicht und ihren Mund zu meinem Mund, und wenn wir nicht in Venedig gewesen wären, das ja extra für diesen Kuß gebaut worden war, hätten uns die Ober sicher auseinandergetrieben.

So aber sagte einer im Vorbeigehen leise lachend: »Dio mio... ecco l'amore« – und brachte es damit kurzerhand auf den Punkt.

Auch das ist einer der geheimen Zauber dieser Stadt – all ihre Verschnörkelungen und Verzierungen scheinen nur die Aufforderung zu sein, klare, deutliche Gegenpole ohne falschen Zierrat zu setzen, und das ist immer noch ein minutenlanger Kuß.

»Mein Herr, was machen Sie mit mir«, hauchte sie, und »nichts, was wir nicht beide wollen«, flüsterte ich und war mir nicht sicher, ob es vielleicht doch so etwas wie Weingeistbildung durch intensives Küssen gibt – ich brauchte nämlich eine gewisse Zeit, um mich wieder auf meinem Stuhl zurechtzufinden, der Zeugnis davon ablegte, daß ich nach wie vor auf dieser Erde lebte.

»Ja, so ist das« – sagte sie seufzend und ließ sich lächelnd einen zweiten Martini bringen.

(...)

Die Jugenderinnerungen suchenden alten Amerikanerinnen lächelten uns zu und konnten daheim in West Virginia erzählen, sie hätten Ingrid und Victor gesehen, und in lichtschwebende Hoffnungen schob sich in zuckerpistazienhafter Süße der Violinenton des Stehgeigers, der die Kapelle anführte, die vor unserem Tisch eine Verehrung der Sentimentalität zelebrierte.

»Schau mich bitte nicht so an...
Du weißt genau, ich kann
Dir dann nicht widerstehen...
La da da – la la da da la la da da di di la la
di di – la la da di la la di da...«

Erwachsene Menschen beginnen, in solchen Sekunden Texte mitzusingen, von denen sich ihr Wachbewußtsein niemals hätte träumen lassen, daß sie in der Lade gelandet waren, auf der vorne das Schild »Merken: wichtig!« angebracht war – und all dies tun sie ohne Scham und Reue.

Warum auch nicht – fragte ich mich – wer will denn wirklich so überheblich sein zu bestimmen, was wert ist und was unwert, in uns aufgehoben zu werden – in den Wasserflaschen unserer Herzen, mit denen wir durch die Wüste wandern.

Das einzige Kriterium, das ausschlaggebend sein sollte, wenn es um die Frage des Denkwürdigen geht, ist doch dasjenige, ob es uns zärtlich und liebevoll macht, was wir uns merken oder nicht.

Wenn es einem alten Schmachtfetzen aus den fünfziger Jahren gelingt, einen Ehemann dazu zu bringen, seiner Frau wieder einmal einen überraschenden Kuß auf die Augen zu geben – was sie in ihren ersten Nächten so sehr liebte und schon für immer verloren glaubte – dann hat der Schmachtfetzen dreihundertsiebenundsiebzigtausendmal mehr Recht und Bedeutung als das »wichtigere« Oratorium von »Händel«.

Arthur Schnitzler
Und plötzlich küßte sie mich

In der Erinnerung erscheint mir Friederike in zwei verschiedenen Gestalten. Meist seh' ich sie als eine blasse, sanfte Frau, die, mit einem weißen Morgenkleid angetan, im Garten sitzt, wie eine Mutter zu mir ist und mir die Wangen streichelt. Hätte ich nur diese hier wiedergetroffen, so wäre meine Ruhe gewiß nicht gestört worden und ich läge nachmittags unter den schattigen Buchen wie in den ersten Tagen meines Hierseins.

Aber auch als eine völlig andere erscheint sie mir, wie ich sie doch nur einmal gesehen; und das war in der letzten Stunde, die ich in der kleinen Stadt verbrachte.

Es war der Tag, an dem ich mein Abiturientenzeugnis bekommen hatte. Wie alle Tage hatte ich mit dem Professor und seiner Frau zu Mittag gespeist, und, da ich nicht zur Bahn begleitet werden wollte, hatten wir einander gleich beim Aufstehen vom Tische Adieu gesagt. Ich empfand durchaus keine Rührung. Erst wie ich in meinem kahlgeräumten Zimmer auf dem Bette saß, den gepackten Koffer zu meinen Füßen, und zu dem weit offenen Fenster hinaus über das zarte Laub des Gärtchens zu den weißen Wolken sah, die regungslos über den Hügeln standen, kam leicht, beinahe schmeichelnd, die Wehmut des Abschiedes über mich. Plötzlich öffnete sich die Tür. Friederike trat herein. Ich erhob mich rasch. Sie trat näher, lehnte sich an den Tisch, stützte beide Hände nach rückwärts auf dessen Kante und sah mich ernst an. Ganz leise sagte sie: »Also heute?«

Ich nickte nur und fühlte das erstemal sehr tief, wie traurig es eigentlich war, daß ich von hier fort mußte. Sie schaute eine Weile zu Boden und schwieg. Dann erhob sie den Kopf und kam näher auf mich zu. Sie legte beide Hände ganz leicht auf meine Haare, wie sie es ja schon früher oft getan, aber ich wußte in diesem Moment, daß es etwas anderes bedeutete als sonst. Dann ließ sie ihre Hände langsam über meine Wangen heruntergleiten, und ihr Blick ruhte mit unendlicher Innigkeit auf mir. Sie schüttelte den Kopf mit einem schmerzlichen Ausdruck, als könnte sie irgend etwas nicht fassen. »Mußt du denn schon heute weg?« fragte sie leise. – »Ja«, sagte ich. – »Auf immer?« rief sie aus. »Nein«, antwortete ich. – »O ja«, sagte sie mit schmerzlichem Zukken der Lippen, »es ist auf immer. Wenn du uns auch einmal besuchen wirst... in zwei oder drei Jahren – heute gehst du doch für immer von uns fort.« – Sie sagte das mit einer Zärtlichkeit, die gar nichts Mütterliches mehr hatte. Mich durchschauerte es. Und plötzlich küßte sie mich. Zuerst dachte ich nur: das hat sie ja nie getan. Aber als ihre Lippen sich von den meinen gar nicht lösen wollten, verstand ich, was dieser Kuß zu bedeuten hatte. Ich war verwirrt und glücklich; ich hätte weinen mögen. Sie hatte die Arme um meinen Hals geschlungen, ich sank, als wenn sie mich hingedrängt hätte, in die Ecke des Divans; Friederike lag mir zu Füßen auf den Knien und zog meinen Mund zu dem ihren herab. Dann nahm sie meine beiden Hände und vergrub ihr Gesicht darin. Ich flüsterte ihren Namen und staunte, wie schön er war. Der Duft von ihren Haaren stieg zu mir auf; ich atmete ihn mit Entzücken ein... In diesem Augenblicke – ich glaubte vor Schrecken starr zu werden – öffnet sich leise die Tür, die nur angelehnt war, und Friederikens Mann steht da. Ich will aufschreien, bringe aber keinen Laut hervor. Ich starre ihm ins Gesicht – ich kann nicht sehen, ob sich irgendwas in seinem Ausdruck verändert – denn noch im selben Augenblick ist er wieder verschwunden und die Tür geschlossen. Ich will mich erheben, meine Hände befreien, auf denen noch immer Friederikens Antlitz ruht, will sprechen, stoße mühsam wieder ihren Namen hervor – da springt sie selbst mit einem Male auf – totenbleich – flüstert mir beinahe gebieterisch zu: »Schweig!« und steht eine Sekunde lang regungslos da, das Gesicht der Türe zugewandt, als wolle sie lauschen. Dann öffnet sie leicht und blickt durch die Spalte hinaus. Ich stehe atemlos. Jetzt öffnet sie ganz, nimmt mich bei der Hand und flüstert: »Geh, geh, rasch.« Sie schiebt mich hinaus – ich schleiche rasch über den kleinen Gang bis zur Stiege, dann wende ich mich noch einmal um – und sehe sie an der Türe stehen, mit unsäglicher Angst in den Mienen, und mit einer heftigen Handbewegung, die mir andeutet: fort! fort! Und ich stürze davon.

Gotthold Ephraim Lessing
Die Küsse

Ein Küßchen, das ein Kind mir schenket,
Das mit den Küssen nur noch spielt
Und bei dem Küssen noch nichts denket,
Das ist ein Kuß, den man nicht fühlt.

Ein Kuß, den mir ein Freund verehret,
Das ist ein Gruß, der eigentlich
Zum wahren Küssen nicht gehöret:
Aus kalter Mode küßt er mich.

Ein Kuß, den mir mein Vater gibet,
Ein wohlgemeinter Segenskuß,

Wenn er sein Söhnchen lobt und liebet,
Ist etwas, das ich ehren muß.

Ein Kuß von meiner Schwester Liebe
Steht mir als Kuß nur so weit an,
Als ich dabei mit heißerm Triebe
An andre Mädchen denken kann.

Ein Kuß, den Lesbia mir reichet,
Den kein Verräter sehen muß,
Und der dem Kuß der Tauben gleichet:
Ja, so ein Kuß, das ist ein Kuß.

Warum küssen sich die Menschen?

Joseph Viktor von Scheffel
Warum küssen sich die Menschen?

Und sie flog in seine Arme,
Und sie hing an seinen Lippen,
Und es flammte drauf der erste
Schwere, süße Kuß der Liebe.
Purpurgolden durch der dunkeln
Bäume Wipfel fiel der Sonne
Streiflicht auf zwei sel'ge Menschen,
Auf jung Werners blasses Antlitz,
Auf die holderglühte Jungfrau.
(...)
Dort an der Terrasse Stufen
Lag der würd'ge Hiddigeigei.
Mit gerechtem Staunen sah er,
Wie die Herrin dem Trompeter
In den Arm flog und ihn küßte.
Murrend sprach er zu sich selber:
»Manch ein schwer Problema hab' ich
Prüfend in dem Katerherzen
Schon erwogen und ergründet,
Aber eins bleibt ungelöst mir,
Ungelöst und unbegriffen:
Warum küssen sich die Menschen?
's ist nicht Haß, sie beißen sich nicht,
Hunger nicht, sie fressen sich nicht,
's kann auch kein zweckloser blinder
Unverstand sein, denn sie sind sonst
Klug und selbstbewußt im Handeln;
Warum also, frag' umsonst ich,
Warum küssen sich die Menschen;
Warum meistens nur die jüngern?

Warum diese meist im Frühling?
Über diese Punkte werd' ich
Morgen auf des Daches Giebel
Etwas näher meditieren.«

Oskar Panizza
Der Kuß auf den Mund ist überhaupt gefährlich

Wenn das Küssen weiter nichts wäre, als was die materialistische Weltauffassung aus ihm macht: die Contractur des *musculus sphincter oris* unter gegenseitiger Näherung, Berührung und Abschilferung des in Frage kommenden Lippenpaares, dann stünde es schlecht um diese Briefe, Siegel und Vorboten des Liebesgottes – ach, und dann wäre es schlimm bestellt um die jungen Mädchen, die einzig und vor Allem darauf bedacht sind, Kußgelegenheiten zu erfinden und Küsse sich stehlen zu lassen im Hellen und im Dunkeln; denn zur gegenseitigen Quetschung und Abschilferung des Schließmuskels des Mundes, des *musculus sphincter oris*, ließe sich kein Mensch herbei, besonders diejenigen nicht, die, auch nur für kurze Zeit, von einer Schließung des Mundes durchaus nichts wissen wollen, die ewigen Plaudertaschen, die jungen Mädchen selbst.

Aber, Gott sei Dank, das Küssen nimmt sich ganz anders aus, wenn wir von der Epidermis und dem Schließmuskel des Mundes absehen und uns in die Psyche begeben und dort die Scala von Empfindungen und Ahnungen verfolgen, die mit dem Austausch jenes merkwürdigen Symbols und seiner stummen Geberdensprache in uns erzeugt werden, ja für die eigentlich die Berührung der Lippen nur das äußerliche, oft nebensächliche Begleitzeichen bildet.

Jede zufällige, unbeabsichtigte, unvorhergesehene Berührung von Fleisch zu Fleisch, von Haut zu Haut, von Epidermis zu Epidermis bei unseren Nebenmenschen, z. B. im Gedränge, ist uns peinlich und äußerst zuwider. Fröstelnd ziehen wir uns von solchem Rencontre zurück, wohl in der stummen Ahnung, daß Übertragung von irgend Etwas stattfinden könne und daß unsere Individualität und Singularität gestört werden kann. Also Übertragung von irgend Etwas findet dann höchstwahrscheinlich wirklich statt, und wären es auch nur Nervenströme, die durch die Reizung der Epidermis und der darunter liegenden nervösen Endorgane hervorgerufen wurden. Wenn dies schon bei den Fingern der Hand der Fall ist, wo wir die feinste Unterscheidung beim Händedruck, er sei von einem alten Mann, von einer Dame, von einem jungen Mädchen, von einem Kinde, von einem uns Wohlwollenden, von einem uns Mißwollenden, von einem gänzlich Indifferenten, zu machen wissen, wie viel mehr bei einem so reich ausgestatteten nervösen Endorgan wie der Lippe, die schon mit Rücksicht auf ihre anderweitige Verwendung als Wächterin des Athmungsgeschäftes und ihre Unabkömmlichkeit im Hinblick auf die Geberdensprache sich nur im äußersten Nothfalle dazu hergeben könnte, sich den Mund verschließen zu lassen.

Wenn also schon Berührungen von Nackt zu Nackt äußerst lästig empfunden werden und die Lippe tausend Gründe für einen hätte, diese vornehmere und wichtigere Stelle der Körperoberfläche und des Körpereinganges nicht der Pressung und Berührung preiszugeben, welch wichtige Momente müssen es sein, die all diese Rücksichten bei Seite schieben und zu jener elektrischen Entladung führen, die wir »Kuß« nennen?

Ist der Kuß das vorbedeutende, unbewußt getauschte Symbol für eine andere, spätere, intensivere, noch zu erwartende, die Nervenendigungen, in directeren, gegenseitigen

Contact bringenden Berührung, also ein rein sexuelles Zeichen, ein erotisches Sigel in der Kurzschrift der Liebe?

Oder ist es zunächst nur der Austausch und die Aufhebung von conträren Spannungen und Dranggefühlen, die sich in beiden Theilen, in beiden Individuen, die lange nur durch Blicke, Worte und Händedrücke verkehrt haben, angesammelt haben?

Aber warum dann gerade durch den Mund den Austausch vornehmen, die Wogen sich glätten lassen, wo in den Händen viel breitere Flächen zur Verfügung stünden?

Ist die Lippe, weil dem Gehirn näher und gleichzeitig in der Nähe des Herzens, ein glücklicherer und sicherer Entlader nervöser Dränge, als die entfernten, kühleren Extremitäten?

Oder war die Lippe wegen des durchscheinenden Roths des Herzblutes, welch letzteres überhaupt als Sitz des Lebens betrachtet wurde, als lauterer und intensiverer Verkündiger von Gedanken und Gefühlen angesehen gegenüber jeder anderen Stelle des Körpers?

Oder war es das musculöse mimische Spiel beim Sprechen und Verkünden von so viel Bitterkeiten und Süßigkeiten des Innenlebens, welches den Eroberer, den Werber, den Brutalen auf diese Knospe zustürzen ließ, um sie zu quetschen, zu brechen und zu ersticken?

Oder – letztlich – ist es einfach die tappig-zugreifende Manier des Kindes, welches Alles in den Mund steckt, und welches, auch erwachsen geworden, selbst die Liebessehnsucht in die Magensprache übersetzt und sein wildes Verlangen: ich hab' dich zum Fressen gern! nur wegen der factischen Unmöglichkeit mit dem Kuß, mit dem Ansatz zum Beißen, bewenden läßt?

Ach, meine schönen Damen und sehr werthen Fräuleins, Sie dürfen sich glücklich schätzen, in einer dem Licht zustrebenden Zeit zu leben, in der Sonne, Blumen, Rosen und

Frauenlippen geschätzt, gepriesen und geküßt werden dürfen. Noch ist es nicht lange her – und noch ist die Zeit nicht ganz vorbei – daß alle diese Dinge mit dem Horror des Schauderns, mit dem Makel der Sünde, mit dem Stempel der Gemeinheit, mit der Etiquette teuflischer Sinnenlust bedeckt waren und selbst vor Sinnenlust brennende Eiferer sich ein Vergnügen daraus machen durften, naive, kindlichgläubige Mädchen auszubaldowern und in ihren heiligsten Naturempfindungen zu beschimpfen.

Hören wir, was der kühle Dialectiker und groteske spanische Jesuit Sanchez über diesen Gegenstand zu sagen weiß:

»Soll ich jetzt lateinisch oder französisch mit Ihnen reden? – Oder deutsch? – Ich will das Lieblichste in Deutsch – das Gefährliche in Französisch und das Niederträchtige in Latein geben.«

Man sollte glauben, daß wenigstens Ehegatten sich straflos küssen dürfen. O mein Gott, du sündhaftes Wien, wie weit bist du entfernt von dem Ideal scholastischer Tugendweisheit, und welche Berge von Sünden hast du durch Küssen, sagen wir seit deinem großen Predigerschalk, Abraham a Santa Clara, zusammengehäuft! Nur als äußere Liebeszeichen, *indicia amoris*, entscheidet Sanchez, sind diese Küsse erlaubt und nicht in der Öffentlichkeit, also z. B. im Stadtpark. Gehen sie aber über die rein äußerlichen Symbole hinaus und haben Erregung im Gefolge, *ob voluptatem captandam*, dann sind sie – Todsünden, *peccata mortalia*, denn jede sinnliche Berührung zwischen Ehegatten, die nicht im directesten Bezug zur Erzielung von Nachkommenschaft steht – *non relata ad copulam* – ist Todsünde. Denn Sinnlichkeit an und für sich, »reinlich und zweifelsohne«, als Selbstzweck, ist das grauenhafteste Verbrechen im ganzen Bereich der Christenheit.

Ja, was sollen denn dann die Unverheirateten thun? – Die

soll der Teufel holen! O der hat sie schon: Wartet, ich komm' euch! Meint ihr, diese Centner-Heiligen und Grotesken des Geistes à la Sanchez, Alphons de Ligorio, Gury u. A. haben umsonst gelebt, sich Nachts die Nägel abgebissen und diese kolossalen Folianten geschrieben, die heute den unverschämten Platz auf unseren Büchereien wegnehmen?

»O küsse nur! O küsse nur!
Das ist die Freude der Natur...«

Meint ihr, es werde nur »Die schöne Galathea« gespielt oder der »Venusberg« in Wien inscenirt? Hört, ihr Verruchten: Küsse auf die Wange, auf die Stirne oder auf die Hand – *in partibus honestis* – können, auch zwischen Personen verschiedenen Geschlechts, wenn sie den Gebräuchen der Pflicht, der Urbanität, der Freundschaft, des Wohlwollens, der Wiederaussöhnung entsprechen, auch vor der Reise und nach der Rückkunft, wenn nur keine Faser sinnlicher Delectation sich dabei rührt – *delectatio venerea* – als sündlos hingehen. Auch Küsse zwischen Kindern, die ein Zeugnis gänzlicher voluptuöser Unfähigkeit beibringen können – *adhuc reputatos libidinis incapaces* – können hingehen.

Der Kuß auf den Mund ist überhaupt gefährlich. Denn der Mund zählt, sobald das Küssen in Betracht kommt, für das Christenthum bereits nicht mehr als *pars honesta*. Aber jeder Kuß, gleichviel wie, wo und wann, wohin, von wem gegeben, von wem erlitten, ist, sobald sich die leiseste *delectatio libidinosa* rührt, ein Todesverbrechen – *peccatum mortale*. So entscheidet Debrayne, der Verfasser der berühmten Moechialogie, welche so furchtbare Dinge enthält, daß sie nur den Priestern und selbst diesen nur lateinisch in die Hand gegeben wird. Verfasser dieses mußte ein Zeugnis beibringen, daß er in den Schoß der alleinseligmachenden Kirche zurückgekehrt ist und sich für den Priesterstand vorbereitet, sonst hätte er dieses furchtbare Beschwörungsbuch gegen die Sinnlichkeit nicht ausgefolgt erhalten. Debrayne selbst ist Priester, Ordensmönch, *docteur en médecine* und *professeur particulier de médecine pratique* bei dem Orden *de la Grande-Trappe* (Trappisten). Das Buch erschien zu Brüssel 1846 in der Imprimerie Vanderborcht. Jeder Brief dahin ist, wie ich versichern kann, nutzlos, denn das Buch ist nicht zu haben. Aber der lustige Léo Taxil hat es in seinen *Livres secrets des Confesseurs* wörtlich abgedruckt, wie ich für diejenigen, die es auf ihrem Weg zum Venusberg etwa zu benützen wünschen, mittheilen will.

Noch strenger ist der heilige Ligorio. Selbst der Kuß zwischen *Verlobten* – und er hat natürlich keine *Wiener* Verlobungen im Auge, die wieder auseinandergehen – ist ihm anstößig. Der Kuß an sich wäre nicht so schlimm, wenn er ohne die bekannte Libidität ausgeführt werden könnte. Dies ist aber wenig wahrscheinlich wegen der Verruchtheit des menschlichen Fleisches – *ob corruptam hominis naturam* – so muß auch er, gar wenn er von Mund zu Mund gegeben wird – *osculum oris ad os* – und entsetzlich lang dauert – *si fiat more valde moroso* – zu den Todsünden gerechnet werden.

Das Küssen von Knaben, wie ich hier bemerken will, haben jene Italiener und Spanier bei ihren heiligen Studien sehr wohl vorgesehen. Das Küssen von Knaben ist erlaubt. Jawohl! Aber – hier hinkt immer der Pferdefuß hinten nach – nur unter Ausschluß jeder libidinösen Absicht. Hier ist Sanchez unerbittlich.

Das Infamste aber, nur unter dem Zusammenwirken aller Teufel in der Höhe mögliche Ereignis, ist der Kuß in den Mund, *osculus in ore*, das Schnäbeln – *columbinum* ist hier der technische Ausdruck. Hier scheint Sanchez mit einem grotesken Luftsprung von seinem Sessel aufzufahren und bis zur spinnwebigen Decke seines Studirzimmers emporzufliegen; und selbst aus den Lettern scheint uns eine gilbliche, spanisch-verzerrte Grimasse entgegenzuleuchten, wenn er auf dieses Capitel zu sprechen kommt. Hier bitte nur latein: »*si repetatur crispis et gustatis labris* – wer mit den Lippen und der Zunge solche Bewegungen macht – *aut sit columbinum* – nach Taubenart – *immissa scilicet lingua unius in os alterius*« – der ist verflucht (wie es im »Tannhäuser« heißt), der hat auf keine Gnade mehr zu hoffen; mag er zehnmal verheiratet sein und Alles nur im Hinblick auf die Nachkommenschaft thun – hier hilft nichts mehr, Sanchez selbst könnte nicht mehr helfen, und Ligorio wendet sich verdüsterten Antlitzes ab.

Wie aber singt Genée und fidelt der Strauß?

»Ach, so ein Kuß,
Welch' ein Genuß!...«

Ogottogott!

Botho Strauß
Welche Lippen passen schon zusammen?

Küssen sehe ich nicht gern. Es entspricht nicht der Natur. Zuerst stören die Nasen, die Nasen müssen sich erst einmal aus dem Weg gehen. Und dann die Lippen – welche Lippen passen schon zusammen? In Wahrheit paßt überhaupt nichts zusammen. Es stoßen lauter gleichförmige Organe aufeinander: der Mund auf den Mund, die Zunge auf die Zunge, die Zähne auf die Zähne. In der Natur aber vereinigen sich immer nur die gegensätzlich geformten Organe. Und deshalb halte ich Küssen für homosexuell, jawohl.

Rudolf Bilz
Diese offenbar sinnlose Berührung der Lippen

Gerade das Verhalten unserer Kinder scheint uns geeignet, alte Urszenen resp. Urrollen in Transparenz zu sehen. Bleiben wir vorerst beim Verhalten des Säuglings: Wenn sich eine Mutter mit ihrem Munde dem des drei Monate alten Kindes nähert, so stülpt es schon auf die Annäherung hin ein Schnäuzchen vor. Ist der Kontakt vollzogen, so spürt die Mutter, wie die Zunge des Säuglings sich an ihre Lippen heranschiebt, und sie stellt fest, wie von seiten des Kindes eine leckende Bewegung erfolgt, als ob die Zunge die Aufgabe hätte, etwas von den mütterlichen Lippen oder aus ihrem Mund zu nehmen. Es könnte ja auch so sein, daß der Mund des Säuglings völlig bewegungslos bliebe oder daß ein automatisches Saugen einsetzte. – Es erscheint uns bei Betrachtungen dieser Art wichtig, uns jederzeit zu vergegenwärtigen, was nicht erfolgt, aber möglicherweise erscheinen könnte. In diesem Falle also schiebt sich die Zunge des Kindes vor, während die Lippen in Schnäuzchenbildung gehalten werden. Wenn man sich so kraß ausdrücken dürfte, könnte man sagen: Das kleine Dummerchen antwortet auf die Berührung des mütterlichen Mundes reflektorisch mit einer Art Zungenkuß. – Hier handelt es sich offenbar um einen automatischen Vorgang, denn bei jeder Provokation der Mutter erfolgt diese seltsame Reaktion des Kindes. Hält die Mutter eine breiige Nahrung in ihrem Mund, so übernimmt der Säugling tatsächlich mit seiner Zunge einen Teil der Speise. – Wir haben andernorts darauf hingewiesen, daß bei den Naturvölkern die Kleinen nicht nur durch Stillen ernährt werden, sondern auch durch vorgekaute breiige Nahrung, die ihnen die Mütter bei vielen Stämmen nach Art eines Kusses reichen. Noch heute gibt es übrigens auch in Europa diesen archaischen Brauch. – Eine angeborene Bereitschaft, eine archaische Funktionsbereitschaft, liegt also, wie der Versuch mit unserem Säugling zeigt, in der Latenz seines Leibes, auch wenn wir heute im Zeichen der Zivilisation den Kindern mit einem Löffelchen Breikost zufüttern, und eben bei diesem Zufüttern zeigt sich diese nämliche Urrolle einer Nahrungsaufnahme, wovon sich jedermann überzeugen kann, wenn er einem Säugling Breinahrung reicht.

(...)

Am Beispiel der Säuglingsnährung über den Kuß habe ich andernorts Bewegung und Stimmung in einem darzustellen versucht, sozusagen en bloc... Ich wies auf die Stimmung der Zärtlichkeit hin, die im Kuß Liebender schwingt. In dieser offenbar sinnlosen Berührung der Lippen, die an sich mit Sexuellem nicht zusammenzuhängen scheint, sah ich die »identische Exekutive« jener zärtlichen Begegnung zwischen Mutter und Kind, die ich eingangs in meinen physiologischen Ausführungen dargelegt habe. Ich führte aus: Liebende pflegen sich gegenseitig wie Kinder zu behandeln, nennen sich »Baby«, reden miteinander gar in Wendungen der Kindersprache, was ein Ausdruck starker Zärtlichkeit ist. Die Liebe macht sie zu Narren, die sich wie Kinder gebärden, urszenische Rollen von Kindern spielend. Bei Tisch atzen sich Zärtlich-Liebende, und es gibt Formen des Kusses, wo sie einander tatsächlich füttern. Sie »trinken« den Kuß, nach einer Wendung des Dichters Rainer Maria Rilke. – Vielerorts wird über einen Kuß oder unter oralen Gesten, z. B. den gemeinsamen Trunk oder das gemeinsame Verzehren eines Apfels oder von Brot, die Verlobung geschlossen. Orales prävaliert am Anfang. – Flüchtig sei an sprachliche Wendungen in diesem Zusammenhang erinnert, das z. B. mancherorts Schmatz oder Busserl, was zugleich Kuß bedeutet, ein Kindergebäck darstellt. So geben die Mütter auf diese Weise ihren Kindern nahrhafte Schmätzchen. – Für Küssen sagt man in gewissen Dialekten auch »löffeln«.

Mallanāga Vātsyāyana
Noch vor diesen Küssen sollte man sich mit Scherzspielen unterhalten

Sutra 1-2: Ist die Leidenschaft einmal entfacht, dann gibt es keine vorgeschriebene Reihenfolge mehr beim Küssen, beim Anbringen der Zahn- und der Nagelmale und ähnlichem. Als Regel mag gelten, daß solche Dinge vor der Vereinigung vor sich gehen, während das Kreischen und das Schlagen und dergleichen die Vereinigung selbst begleiten.

Sutra 3: Vātsyāyana ist jedoch der Ansicht, daß man sich auch diesen letzteren Handlungen zu jeder Zeit widmen kann, weil die Leidenschaft selbst sich nicht immer regulieren läßt.

Sutra 4: Jedoch sollten die fünf Formen der ansteigenden Leidenschaft bei der ersten Vereinigung nicht alle auf einmal angewendet werden. Solange das Vertrauen der Frau noch im Wachsen begriffen ist und ihre Leidenschaft erst nach und nach zunimmt, ist es besser, nur die eine oder die andere Form zu benutzen.

Sutra 5: Später kann man alle fünf Formen zum raschen Anschüren und zur Aufrechterhaltung der Leidenschaft benützen.

Sutra 6-8: Die passenden Stellen für Küsse sind die Stirn, das Haar, die Augen, die Brust des Mannes, die Brüste der Frau, die Oberlippe und die Innenseite des Mundes. Mancherorts wird auch auf die Schenkelbeugen, die Achselhöhlen und den Nabel geküßt, und es mögen außerdem noch viele Möglichkeiten bestehen, die je nach Gegend und nach dem Ausmaß der Leidenschaft verschieden sind.

Sutra 9-12: Es gibt die folgenden drei Arten des Kusses für ein junges Mädchen:
- Nimitaka, den sogenannten einfachen Kuß
- Sfuritaka, den zitternden Kuß
- Ghattitaka, den berührenden Kuß.

Vom sogenannten einfachen Kuß spricht man dann, wenn das Mädchen gewaltsam von dem Mann an sich gezogen wird und sein Mund sich gegen den ihren preßt, ohne daß sie selbst etwas tut.

Vom zitternden Kuß spricht man, wenn das Mädchen ein wenig ihre Schamhaftigkeit überwindet und den Kuß des Mannes erwidert, indem sie zitternd ihre Unterlippe gegen die seine drückt, ohne dabei ihre Oberlippe zu bewegen.

Vom berührenden Kuß spricht man, wenn das Mädchen die Lippe des Mannes zwischen ihren eigenen Lippen festhält, ihre Augen schließt, die seinen mit den Händen zudeckt und dann ihre Zungenspitze gegen seine Lippen drückt.

Sutra 13: Andere Meister zählen vier andere Arten des Kusses auf:
- der gerade Kuß
- der schräge Kuß
- der gedrehte Kuß
- der gepreßte Kuß.

Vom geraden Kuß spricht man, wenn eines dem andern ins Gesicht blickt und sich einfach die Lippen berühren.

Vom schrägen Kuß spricht man, wenn einer der beiden Liebenden die Lippen diagonal auf den Mund des anderen drückt.

Vom gedrehten Kuß spricht man, wenn einer der beiden Liebenden das Gesicht des anderen zu sich emporhebt, indem es dessen Kopf am Kinn festhält, und dann küßt.

Vom gepreßten Kuß spricht man, wenn eine der oben erwähnten Varianten mit einer gewissen Hitze ausgeführt wird.

Man kann den Kuß aber auch unterteilen in

- den reinen Kuß, bei dem nur die Lippen gegeneinander gepreßt werden, und in
- den Zungenkuß, bei dem die Zungenspitzen in Aktion treten.

Sutra 14: Es gibt noch eine fünfte Art des Kusses, wobei es sich eigentlich um eine Abwandlung des gepreßten Kusses handelt. Er kommt zustande, indem man die Unterlippe zwischen Daumen und Zeigefinger hält, damit ein »O« formt und dann nur mit den Lippen küßt, ohne die Zunge zu benützen.

Sutra 15-17: Noch vor diesen Küssen sollte man sich mit Scherzspielen unterhalten. Wenn die Frau verliert, schüttelt sie seufzend ihre Hand, gibt dem Mann Stöße, beißt ihn ein wenig, kehrt sich ab, zweifelt die Korrektheit des Wettspiels an und drängt auf neue Spiele. Verliert sie wieder, wiederholt sie ihre Manöver mit verdoppelter Hitze.

Sutra 18: Während sie immer noch damit beschäftigt ist, den aus den Scherzspielen entstandenen Streit zu schüren, sollte die Frau plötzlich die Unterlippe des arglosen und unachtsamen Mannes zwischen ihre Zähne nehmen, lachen, ihren Sieg verkünden und ihm damit drohen, ihn in die Lippe zu beißen. Schließlich streckt und dehnt sie sich aufreizend und fordert ihren Liebsten zu einem weiteren Wettspiel auf; dabei läßt sie ihre Augenbrauen auf und ab hüpfen und verdreht sehnsüchtig ihre Augen.

Sutra 19: Auf die gleiche Weise können Wettspiele und scherzhafte Streitigkeiten zwischen den Liebenden veranstaltet werden, indem sie einander mit den Nägeln und den Zähnen und noch auf andere Weise traktieren.

Sutra 20: Derartige Wettspiele werden allerdings nur von jenen Leuten bevorzugt, die äußerst leidenschaftlich sind.

Sutra 21: Uttarachumbita, der sogenannte »Kuß auf die Oberlippe«, kommt dann zustande, wenn der Mann, der von der Frau gerade geküßt wird, ihre Oberlippe beim Küssen festhält.

Sutra 22: Samputaka, der »zupackende Kuß«, kommt zustande, wenn ein Mann mit Ober- und Unterlippe beide Lippen der Frau preßt und sie so küßt. Bei einem Mann mit Schnurrbart sollte eine Frau sich diesem Kuß zu entziehen suchen.

Sutra 23: Zum »Kampf der Zungen« kommt es, wenn einer der Liebenden, der den »zupackenden Kuß« erhalten hat, mit der Zunge gegen die Zähne des anderen stößt, die Zunge dann ausstreckt, um den Gaumen zu erforschen, und mit ihr noch weiter vordringt, um sich an der Zunge des anderen zu reiben.

Sutra 24: Derselbe Vorgang kann sich auch bei Küssen abspielen, die ein stürmisches Zupacken oder das Aneinanderpressen von Mund und Zähnen in sich schließen.

Sutra 25: Es gibt vier weitere Arten des Kusses, die für andere Stellen des Körpers bestimmt sind:
- Sama, ein Kuß, der auf die Beugen der Schenkel, auf die Seiten und die Brust gedrückt wird
- Pidita, ein Kuß, der auf die Brüste, die Wangen und den Nabel gedrückt wird
- Anchita, ein Kuß, der auf die Brüste und die Seiten gedrückt wird
- Mridu, ein Kuß, der auf Stirn und Augen gedrückt wird.

Sutra 26: Wenn eine Frau, die von ihrem eigenen Verlangen getrieben wird, den noch schlafenden Mann erblickt und ihn vorsichtig küßt, dann steigert das die Stärke ihrer Leidenschaft.

Sutra 27: Vom Chalitaka-Kuß spricht man, wenn eine Frau einen Mann küßt, der in einen Streit verwickelt ist oder dessen Aufmerksamkeit durch irgend etwas abgelenkt wird oder der sich gerade dem Schlaf hingeben will.

Sutra 28: Vom Pratibodhaka-Kuß spricht man, wenn ein Mann, der spät in der Nacht heimkommt, die schlafende Frau küßt, um seine erwachende Leidenschaft zu offenbaren.

Sutra 29: Sie möchte ihrerseits das Ausmaß seiner Leidenschaft herausfinden und tut so, als erwache sie aus tiefem Schlaf, indes sie in Wirklichkeit auf den Augenblick seiner Heimkehr gewartet hat.

Sutra 30: Von Chhaya-chumbana spricht man, wenn ein Mann das Abbild der Frau in einem Spiegel oder im Wasser oder im Schatten an der Wand zu küssen versucht, um seine wachsende Leidenschaft anzuzeigen.

Sutra 31: Von Sankranta spricht man, wenn ein Mann ein Kind oder ein Gemälde oder eine Büste in der Anwesenheit der Frau küßt. Für die entsprechende Art der Umarmung gebraucht man denselben Namen.

Sutra 32: Die Finger küßt man üblicherweise nur des Abends oder an einem öffentlichen Ort oder bei einer Zusammenkunft der Verwandtschaft. Die Frau kann auch die Füße des Mannes küssen, wenn er neben ihr schläft.

Sutra 33: Vom »offenbarenden Kuß« spricht man, wenn eine Frau, die ihrem Liebsten die Haare wäscht oder seinen zurückgelehnten Körper massiert, ihren Kopf auf seine Schenkel legt, um ihre Gefühle für ihn zu offenbaren. Ein solcher Kuß auf die Beine und die Zehen löst große Leidenschaft aus.

Sutra 34: Jeder Liebende muß die Handlungen des Geliebten mit derselben Intensität erwidern; er muß jeden Kuß mit einem Kuß vergelten und jede Umarmung mit einer Umarmung.

Thomas Mann
Poesie der Liebe

Ist die Liebe das Beste im Leben, so in der Lieb das Beste der Kuß, – Poesie der Liebe, Siegel der Inbrunst, sinnlich-platonisch, Mitte des Sakraments zwischen geistlichem Anfang und fleischlichem End, süße Handlung, vollzogen in höherer Sphäre als das da, und mit reinern Organen des Hauchs und der Rede, – geistig, weil noch individuell und hoch unterscheidend, – zwischen deinen Händen das einzigste Haupt, rückgeneigt, unter den Wimpern den lächelnd ernst vergehenden Blick in deinem, und es sagt ihm dein Kuß: Dich lieb und mein ich, dich, holde Gotteseinzelheit, ausdrücklich in aller Schöpfung dich, – da das Zeugen anonymcreatürlich, im Grund ohne Wahl, und Nacht bedeckts. Kuß ist Glück, Zeugung Wollust, Gott gab sie dem Wurme. Nun, du würmtest nicht faul zu Zeiten, aber deine Sache ist eher doch das Glück und der Kuß, – flüchtiger Besuch der wissenden Inbrunst auf rasch verderblicher Schönheit. Auch ists der Unterschied von Kunst und Leben, denn die Fülle des Lebens, der Menschheit, das Kindermachen ist nicht Sache der Poesie, des geistigen Kusses auf die Himbeerlippen der Welt …

Franz Grillparzer
Kuß

Auf die Hände küßt die Achtung,
Freundschaft auf die offne Stirne,
Auf die Wange Wohlgefallen,
Selge Liebe auf den Mund;

Aufs geschloßne Aug die Sehnsucht,
In die hohle Hand Verlangen,
Arm und Nacken die Begierde,
Überall sonst hin Raserei.

*Miß mich
von Mund zu Mund*

Ulla Hahn
Anständiges Sonett

Schreib doch mal
ein anständiges Sonett
St. H.

Komm beiß dich fest ich halte nichts
vom Nippen. Dreimal am Anfang küß
mich wo's gut tut. Miß
mich von Mund zu Mund. Mal angesichts

der Augen mir Ringe um
und laß mich springen unter
der Hand in deine. Zeig mir wie's drunter
geht und drüber. Ich schreie ich bin stumm.

Bleib bei mir. Warte. Ich komm wieder
zu mir zu dir dann auch
»ganz wie ein Kehrreim schöner alter Lieder«.

Verreib die Sonnenkringel auf dem Bauch
mir ein und allemal. Die Lider
halt mir offen. Die Lippen auch.

Heinrich Mann
Sie küßten keinen dezenten Kuß

Nunmehr lag sie vollends auf ihm und sprach ihm von dem, was zuletzt kommt: Geständnisse, die nur gewährt werden, wenn die Liebe erprobt und ein für alle Male gegeben ist. Sie nannte mit Namen den Vorsprung, den ihr Alter ihr sicherte: sieben Jahre mehr als er – und er hatte wohl nicht bedacht, welche Erfahrungen in diesen sieben Jahren ein Mädchen erwirbt? Die Enttäuschungen, die sie sammelt? Ihre Einblicke und die Entschlüsse, zu denen sie gelangt?

Sie war natürlich geküßt worden, in einem oder zwei Fällen noch etwas mehr als das; der ernsteste Bewerber war ein verheirateter Mann. Man läßt sich nicht scheiden, das ist kein Anfang. Übrigens war die Auswahl hier in L. gering und allbekannt; sie konkurrierte mit allen Mädchen ihres Jahrgangs, bei derselben begrenzten Zahl von Direktoren, Agenten, Firmeninhabern gesetzten Alters. Keiner hatte den Mut oder Geist, über die im Leben erreichte Stufe hinauszugehen. Einen Mann ertragen, wenn er bis in die Verkalkung hinein zu bleiben gedenkt, was er vorher schon gewesen war? Danke.

Hier folgten die Worte, die man nicht vergißt, und würde man hundert Jahre alt. »Dich habe ich gewählt und gewollt, weil du mich liebst wie nur ein Jüngerer, wie gerade nur du, und weil die Liebe auf Ideen bringt. Auch in Gefahren, hör ich. Du, mein lieber Junge, stößt um meinetwillen deinen Stundenplan um, das heißt etwas. Du sollst ein ganz anderer sein als vorgesehen, nun, das macht stark, es führt hoch hinaus, oder man läßt es. Du liebst mich, um ein großer Mann zu werden: glaube mir, beinah in dieser Absicht bist du mein. Ich – in dem zarten Jüngling, nicht zu zart bekanntlich, liebe ich im voraus den großen Mann. Sei ruhig, ich liebe auch den zarten Jüngling.«

Kuß, und in nächtlicher Stille der geraunte Rest: »Dein Vater ist sehr wohlhabend, auch das muß sein. Nicht um uns auszuruhen. Aber der reichste Kaufmann, weiter hin als nur hierorts, könntest du ohne eine gesunde Grundlage nicht bald werden. Unsere gradezu meisterhafte Leidenschaft füreinander täte manches, nur zu langsam. Du siehst, alles muß zusammentreffen: so glücklich sind wir.«

Sie kamen von selbst dahin überein, daß morgen, Sonntag, »die Bombe platzen solle«. Beim Nachmittagskaffee war die Familie ohnehin versammelt, man ersparte die Einberufung eines Familienrates, der unvermeidlich schien bei so widergesetzlichen, wenn nicht widernatürlichen Vorgängen. Ihre Berechnung erwies sich richtig. Die erste Reaktion der Versammlung, Eltern, Tante, Onkel, Großmutter, war Geschlagenheit. Alle wurden auf ihren Stühlen kleiner, als stellte sich bei den jungen Leuten eine giftige Krankheit heraus – noch schlimmer, sie hätten sich einer Verbrechergesellschaft angeschlossen.

Im Vordergrund, dem ganzen Halbkreis vollauf sichtbar, stand das entartete Paar, zwei Hände fest ineinander, jeder auf jedem die Augen treu und unverwandt. Der Vater versäumte zu verbieten, was er fertig vor sich sah. Die Mutter flüsterte ratlos über seine Schulter, die sie umklammerte. Die Tante ließ vernehmen: »Die alte Person – das Kind!« Dem Onkel fiel das »Rauhe Haus« ein, wo man abgeschweifte Knaben auf den rechten Weg zurückbrachte. Indessen setzte er selbst hinzu: »Sie sollen dort gänzlich verdorben werden.«

Der Vater, ein Mann von Welt und von Humor, lachte unvermittelt auf. »Das Rauhe Haus! Er kann die Zöglinge in Latein unterrichten.« Die Mutter unternahm ihren so lange aufgeschobenen Versuch: sie fand sich selbst fehlerhaft, wenn sie laut vorging gegen eine wahre Wirrnis von Unstatthaftem. »Ihr werdet freiwillig zur Einsicht gelangen«, sagte sie nur, obwohl ihr gewesen war, als werde sie länger reden.

Das Beispiel seiner Frau erinnerte den Vater an seine Pflicht. So erhob er sich denn und sprach: »Erstens ist euer Altersabstand natürlich unpassend, damit ich nicht sage: anstößig. Er beträgt nicht sieben Jahre, sondern vierzehn, die du mehr haben müßtest, mein Lieber. Ferner bist du auf eine Karriere vorbereitet und wärest fahnenflüchtig. Ein Überläufer taugt auch im Kaufmannsstande nichts. Du weißt schon zuviel aus abgelegenen Gebieten, du würdest scheitern. Es bleibt dabei: du beziehst die Universität. Das genügt.« – Er schloß sogar gütig: »Wir brauchen einander.«

Trotzdem enthielt das Schlußwort die Drohung, auf die beide Schuldigen sich gefaßt gemacht hatten. Sie waren sofort einig. Der Junge berichtete heftig: »Meine Bücher habe ich verkauft.« Dem Onkel wurde die Antwort überlassen. »Man kauft andere«, murmelte er. Jetzt Alice, mit ganz klarer Stimme und einem Blick über den Halbkreis hin: »Wir haben ein Verhältnis.« Der Vater setzte sich wieder. Die Tante behauptete: »Es war ihnen anzusehen.«

Dennoch zeigten alle sich zerschmettert wie bei der ersten Ankündigung des Unheils, diesmal aber endgültig. Die Großmutter, eine fromme Dame, wollte das Äußerste nicht gehört haben, ihr herzlicher Vermittlungsvorschlag ging darauf nicht ein. Der junge Mensch prüfte sich ein Jahr lang unter fleißigem Studieren. Das Mädchen inzwischen wartete ab, ob ihre Gefühle die nächste Ballsaison überstanden. Dieser wohlgemeinte Unsinn, den die Großmutter selbst wohl schwerlich ernst nahm, fiel einfach zu Boden.

Während die ganze Gesellschaft am Ende ihres guten Rates war, wußten nur die Liebenden, was zu tun sei. Sie umschlangen einander, und sie küßten keinen dezenten Kuß von Verlobten, zum Besten einer andächtigen Familie. Sie küßten wie im Schlafzimmer.

Ohne einen anderen Aufschub als den von der Minderjährigkeit des Bräutigams verursachten wurden sie verheiratet: die Tatsache ihrer ohnedies vollzogenen Verbindung hatte dies bewirkt. Zu sagen, daß sie glücklich waren, genügt nicht. Sie triumphierten.

Oscar Wilde
Ja, ich werde deinen Mund küssen

Salome: Ach! Du wolltest mich deinen Mund nicht küssen lassen, Jochanaan. Jetzt werde ich ihn küssen. Ich werde mit meinen Zähnen hineinbeißen, wie man in eine reife Frucht beißt. Ja, ich werde deinen Mund küssen, Jochanaan. Ich habe es dir gesagt, sagte ich es nicht? Ich habe es gesagt. Ach, jetzt werde ich ihn küssen... Aber warum siehst du mich nicht an, Jochanaan? Deine Augen, die so schrecklich, die so voller Zorn und Verachtung waren, sind geschlossen. Weshalb sind sie geschlossen? Öffne deine Augen! Hebe deine Lider, Jochanaan. Warum siehst du mich nicht an? Fürchtest du dich vor mir, Jochanaan, daß du mich nicht ansehen willst? ... Und deine Zunge, die wie eine rote Schlange war und Gift sprühte, sie regt sich nicht mehr, jetzt sagt sie nichts, Jochanaan, diese rote Viper, die ihr Gift auf mich verspritzte. Das ist sonderbar, nicht wahr? Wie kommt es, daß die rote Viper sich nicht mehr regt? ... Du hast nichts von mir wissen wollen, Jochanaan. Du hast mich abgewiesen. Du hast mir abscheuliche Dinge gesagt. Du hast mich behandelt wie eine Buhlerin, wie eine Hure, mich, Salome, Tochter des Herodias, Prinzessin von Judäa! Nun, Jochanaan, ich lebe noch, aber du, du bist tot, und dein Haupt gehört mir. Ich kann damit tun, was ich will. Ich kann es den Hunden vorwerfen, und den Vögeln in der Luft. Was die Hunde übriglassen, werden die Vögel der Luft verschlingen... Ach, Jochanaan, Jochanaan, du warst der einzige Mann, den ich geliebt habe. All die anderen Männer sind mir verhaßt. Aber du, du warst schön. Dein Leib war eine Elfenbeinsäule auf einem silberweißen Sockel. Er war ein Garten voll silberweißer Tauben und Lilien. Er war ein silberweißer Turm, geschmückt mit Schilden von Elfenbein.

Nichts auf der Welt war so schwarz wie dein Haar. In der ganzen Welt war nichts so rot wie dein Mund. Deine Stimme war ein Rauchfaß, das seltsame Wohlgerüche verströmte, und als ich dich ansah, hörte ich eine seltsame Musik. Ach! Warum hast du mich nicht angesehen, Jochanaan? Hinter deinen Händen und deinen Schmähungen verbargst du dein Antlitz. Über deine Augen legtest du die Binde dessen, der seinen Gott sehen will. Nun, du hast ihn gesehen, deinen Gott, Jochanaan, aber mich, mich hast du nie gesehen. Hättest du mich gesehen, du hättest mich geliebt. Ich, ich habe dich gesehen, Jochanaan, und ich habe dich geliebt. Oh, wie ich dich geliebt habe! Ich liebe dich noch, Jochanaan, ich liebe nur dich... Mich dürstet nach deiner Schönheit, mich hungert nach deinem Leib. Und weder Wein noch Früchte können meine Begierde stillen. Was soll ich jetzt tun, Jochanaan? Weder die Flüsse noch die großen Wasser können meine Leidenschaft löschen. Ich war eine Prinzessin, und du hast mich verschmäht. Ich war eine Jungfrau, und du hast mich geschändet. Ich war keusch, und du hast mir Feuer in die Adern gegossen... Ach! Ach! Warum hast du mich nicht angesehen, Jochanaan? Hättest du mich angesehen, du hättest mich geliebt. Ich weiß, du hättest mich geliebt, und das Mysterium der Liebe ist größer als das Mysterium des Todes. Die Liebe allein zählt.

Herodes: Sie ist widernatürlich, deine Tochter, sie ist ganz und gar widernatürlich. Wahrlich, was sie getan hat, ist ein großer Frevel. Ich bin gewiß, es ist ein Frevel gegen einen unbekannten Gott.

Herodias: Ich billige, was meine Tochter getan hat, und ich will jetzt hierbleiben.

Herodes steht auf: Ah! Aus dir spricht das blutschänderische Weib! Komm! Ich will hier nicht bleiben. Komm, sage ich dir. Ich bin gewiß, es wird ein Unglück geschehen. Manasse, Issaschar, Osias, löscht die Fackeln. Ich will nichts sehen, ich will nicht gesehen werden. Löscht die Fackeln. Versteckt den Mond! Versteckt die Sterne! Verstecken wir uns in unserm Palast, Herodias. Ich beginne mich zu fürchten.

Die Sklaven löschen die Fackeln. Die Sterne verschwinden. Eine große schwarze Wolke zieht über den Mond und verdeckt ihn ganz. Die Bühne wird völlig dunkel. Der Tetrarch steigt langsam die Treppe hinauf.

Stimme der Salome: Ach! Ich habe deinen Mund geküßt, Jochanaan, ich habe deinen Mund geküßt. Es war ein bitterer Geschmack auf deinen Lippen. War es der Geschmack von Blut? ... Aber vielleicht schmeckt so die Liebe. Es heißt, die Liebe habe einen bitteren Geschmack ... Doch was tut's? Was tut's? Ich habe deinen Mund geküßt, Jochanaan.

Ein Mondstrahl fällt auf Salome und beleuchtet sie.

Herodes dreht sich um und erblickt Salome: Tötet dieses Weib!

Die Krieger stürzen vor und zermalmen unter ihren Schilden Salome, Tochter der Herodias, Prinzessin von Judäa.

Henry James
Sein Kuß war wie ein weißer Blitz

Sie rang die Hände; ihre Augen waren tränenüberströmt. »Wenn Sie mich lieben, wenn Sie mich bemitleiden, lassen Sie mich allein!«

Einen Augenblick starrte er sie durch die Dämmerung an, und im nächsten Moment fühlte sie seine Arme um sich und seine Lippen auf ihren Lippen. Sein Kuß war wie ein weißer Blitz, wie ein Strahl, der sich ausbreitete, weitete und blieb; und es war unbeschreiblich, wie sie währenddessen alles an seiner harten Männlichkeit bejahte, was ihr bisher am wenigsten gefallen; jede aggressive Einzelheit seines Gesichts, seiner Gestalt, seiner Gegenwart verschmolz zu einer überwältigenden Identität mit diesem Akt der Besitzergreifung. So hatte sie gehört, daß den Schiffbrüchigen ein Zug von Bildern folgt, bevor sie untersinken. Aber als die Dunkelheit zurückkehrte, war sie frei. Sie hatte sich nicht mehr umgeblickt, sie war nur fortgestürzt. In den Fenstern des Hauses war Licht; es leuchtete weit über den Rasen. In ungewöhnlich kurzer Zeit – denn die Entfernung war beträchtlich – war sie durch die Dunkelheit geeilt (denn sie konnte nichts erkennen) und an der Tür angelangt. Erst hier hielt sie inne. Sie sah sich nach allen Seiten um; sie lauschte noch ein wenig; dann legte sie die Hand auf die Klinke. Sie hatte nicht gewußt, wohin sie sich wenden sollte; aber jetzt wußte sie es. Da gab es einen ganz geraden Weg.

Zwei Tage später klopfte Caspar Goodwood an die Tür des Hauses in Wimpolestreet, in welchem Henrietta Stackpole möblierte Zimmer bewohnte. Er hatte noch kaum seine Hand vom Klopfer zurückgenommen, als die Tür geöffnet wurde und Miß Stackpole vor ihm stand. Sie trug Hut und Jackett; sie war im Begriff auszugehen. »Guten Morgen«, sagte er, »ich hoffte, Mrs. Osmond hier zu finden.«

Henrietta ließ ihn einen Augenblick auf Antwort warten, aber selbst wenn Miß Stackpole schwieg, war ihr Ausdruck beredt. »Bitte, was veranlaßt Sie zu der Annahme, daß sie hier sei?«

»Ich fuhr heute morgen nach Gardencourt hinaus, und da sagte der Diener, sie sei nach London gefahren. Er glaubte, sie wolle zu Ihnen.«

Wieder ließ ihn Miß Stackpole – durchaus in freundlicher Absicht – auf Antwort warten. »Sie kam auch gestern hier an und blieb die Nacht über. Aber heute morgen ist sie nach Rom weitergefahren.«

Caspar Goodwood sah sie nicht an; er konnte seinen

Blick nicht von der Schwelle heben. »Sie ist weitergefahren...?« stammelte er. Und ohne den Satz zu beenden oder aufzublicken, kehrte er sich hölzern ab. Er war sonst keiner Bewegung fähig.

Christoph Hein
Die Begierde überschwemmte meinen Körper

Ich stand auf und folgte mit den Augen dem sich im Dunkel des Waldes verlierenden, glänzenden Band der Teerstraße. Dann stieg ich in den Wagen und versuchte erneut und wiederum vergeblich, den Motor zu starten.

Ich sagte Christine, daß ich ein paar Schritte laufen wolle; wenn ein Fahrzeug käme, möge sie nur laut rufen, ich würde sie hören. Dann ging ich über die Weide, die verbliebenen Reste der von Kühen abgegrasten Wiese. Ich sah Disteln, wunderliche, eigentümliche Gewächse in vielfältigen Formen. Ich sah die hochgewachsenen Grasbüschel mit kräftigen, scharf geränderten Blättern, die das Vieh verschmäht hatte. Ich sah Maulwurfshügel und die Löcher der Feldmäuse. Ich lief mit halb geschlossenen Augen gedankenlos über das Feld, bis mir ein Wassergraben den Weg versperrte.

Dort fand mich Christine.

Ich hörte ihre Schritte und das leise Knistern des Kleides, als sie sich neben mich setzte. Ich spürte, daß sie mich ansah, und in einer ersten Regung stützte ich den Kopf zwischen die Hände, um mein Gesicht zu verbergen. Es war eine Regung von Scham, der ich nachgab, und es bedurfte aller Kraft, die ich noch besaß, die Hände von meinem Gesicht zu nehmen. Und wie in einer übermütigen Verzweiflung und dem Wunsch, die anfängliche Befangenheit vollends zu widerlegen, ließ ich mich nach hinten fallen, ungeschützt und mich preisgebend. Ich spürte durch das dünne Hemd das Gras und die ausgetrockneten Früchte der Wiesenblumen, und ich spürte Christines Hand, die mir die Tränen aus dem Gesicht streichelte.

»Wein nicht«, sagte sie und streichelte weiter über meine Stirn und Wangen.

Ich hielt die Augen geschlossen und überließ mich einem Kummer, den ich nicht benennen konnte, und der erlösenden Zärtlichkeit dieses Mädchens.

»Du hast deine Mutter sehr geliebt?« fragte Christine.

»Ich weiß es nicht«, sagte ich wahrheitsgemäß, »ich weiß nicht, ob ich meine Mutter geliebt habe. Ich weiß nicht, ob ich je einen Menschen liebte und ob ich je von einem Menschen geliebt wurde.«

»Das ist schlimm. Sehr schlimm und sehr traurig.«

»Und ich weiß nicht einmal, ob ich traurig bin, Christine. Ich weiß nur, daß ich entsetzlich allein bin. Ach, dieses lange, einsame Leben.«

»Du bist nicht allein. Ich bin bei dir. Ich liebe dich.«

»Ach, Christine«, seufzte ich leise.

Ich fühlte mich erleichtert und sterbensmüde. Ein Gefühl väterlich sanfter Zuneigung für dieses Kind durchströmte mich, als ich unerwartet auf meinem Gesicht den Schatten ihres Körpers spürte. Christine preßte ihre Lippen auf meinen Mund, ihre Hände umfaßten meinen Kopf und glitten wie ein mich fest umschließender Ring um meinen Hals und um meine Brust. Bedeckt von ihren Küssen, ihren Händen, ihrem Körper verspürte ich das Schlagen meines Herzens, das dumpf und heftig in meinem Brustkorb tobte und wuchs und zu zerspringen drohte. Ich hielt den Atem an, um in der mich davontragenden Flut nicht unterzugehen. Und plötzlich riß der barmherzige Schleier, in dem ich mich schützend verborgen gehalten hatte, und ich erkannte mit einer nie erlebten, drängenden Heftigkeit, daß ich Christine liebte, sie immer geliebt hatte, daß sie nicht meine Tochter war, sondern meine Frau. Es war keine Erkenntnis des Kopfes, die in Worte zu fassen wäre, sondern ein Gedanke meines die Adern aufblähenden Blutes, der tausend sich öffnenden Augen meiner Haut. Die Begierde überschwemmte meinen Körper, jede Windung meines Gehirns, sie überrollte mit versengendem Feuer meine Augen und lief in rasender Wut durch jeden Muskel und jede Faser.

Thomas Mann
Küsse mich hierher

»Du hast Kummer«, beharrte der Gaukler (. . .). »Das sollte ich nicht sehen? Mach du dem Cipolla etwas weis! Selbstverständlich sind es die Mädchen, ein Mädchen ist es. Du hast Liebeskummer.«

Mario schüttelte lebhaft den Kopf. Gleichzeitig erklang neben uns wieder das brutale Lachen des Giovanotto. Der Cavaliere horchte hin. Seine Augen gingen irgendwo in der Luft umher, aber er hielt dem Lachen das Ohr hin und ließ dann, wie schon ein- oder zweimal während seiner Unterhaltung mit Mario, die Reitpeitsche halb rückwärts gegen sein Zappelkorps pfeifen, damit keiner im Eifer erlahme. Dabei aber wäre sein Partner ihm fast entschlüpft, denn in plötzlichem Aufzucken wandte dieser sich von ihm ab und den Stufen zu. Er war rot um die Augen. Cipolla hielt ihn gerade noch fest.

»Halt da!« sagte er. »Das wäre. Du willst ausreißen, Ganymed, im besten Augenblick oder dicht vor dem besten? Hier geblieben, ich verspreche dir schöne Dinge. Ich verspreche dir, dich von der Grundlosigkeit deines Kummers zu überzeugen. Dieses Mädchen, das du kennst und das auch andere kennen, diese – wie heißt sie gleich? Warte! Ich lese den Namen in deinen Augen, er schwebt mir auf der Zunge, und auch du bist, sehe ich, im Begriffe, ihn auszusprechen…«

»Silvestra!« rief der Giovanotto von unten.

Der Cavaliere verzog keine Miene.

»Gibt es nicht vorlaute Leute?« fragte er, ohne hinunterzublicken, vielmehr wie in ungestörter Zwiesprache mit Mario. »Gibt es nicht überaus vorlaute Hähne, die zur Zeit und Unzeit krähen? Da nimmt er uns den Namen von den Lippen, dir und mir, und glaubt wohl noch, der Eitle, ein besonderes Anrecht auf ihn zu besitzen! Lassen wir ihn! Die Silvestra aber, deine Silvestra, ja, sage einmal, das ist ein Mädchen, was?! Ein wahrer Schatz! Das Herz steht einem still, wenn man sie gehen, atmen, lachen sieht, so reizend ist sie. Und ihre runden Arme, wenn sie wäscht und dabei den Kopf in den Nacken wirft und das Haaar aus der Stirn schüttelt! Ein Engel des Paradieses!«

Mario starrte ihn mit vorgeschobenem Kopfe an. Er schien seine Lage und das Publikum vergessen zu haben. Die roten Flecken um seine Augen hatten sich vergrößert und wirkten wie aufgemalt. Ich habe das selten gesehen. Seine dicken Lippen standen getrennt.

»Und er macht dir Kummer, dieser Engel«, fuhr Cipolla fort, »oder vielmehr, du machst dir Kummer um ihn… Das ist ein Unterschied, mein Lieber, ein schwerwiegender Unterschied, glaube mir! In der Liebe gibt es Mißverständnisse, – man kann sagen, daß das Mißverständnis nirgends so sehr zu Hause ist wie hier. Du wirst meinen, was versteht der Cipolla von der Liebe, er mit seinem kleinen Leibesschaden? Irrtum, er versteht gar viel davon, er versteht sich auf eine umfassende und eindringliche Weise auf sie, es empfiehlt sich, ihm in ihren Angelegenheiten Gehör zu schenken! Aber lassen wir den Cipolla, lassen wir ihn ganz aus dem Spiel, und denken wir nur an Silvestra, deine reizende Silvestra! Wie? Sie sollte irgendeinem krähenden Hahn vor dir den Vorzug geben, so daß er lachen kann und du weinen mußt? Den Vorzug vor dir, einem so gefühlvollen und sympathischen Burschen? Das ist wenig wahrscheinlich, das ist unmöglich, wir wissen es besser, der Cipolla und sie. Wenn ich mich an ihre Stelle versetze, siehst du, und die Wahl habe zwischen so einem geteerten Lümmel, so einem Salzfisch und Meeresobst – und einem Mario, einem Ritter der Serviette, der sich unter den Herrschaften bewegt, der den Fremden gewandt Erfrischungen reicht und mich liebt mit wahrem, heißem Gefühl, – meiner Treu, so ist die Entscheidung meinem Herzen nicht schwer gemacht, so weiß ich wohl, wem ich es schenken soll, wem ganz allein ich es längst schon errötend geschenkt habe. Es ist Zeit, daß er's sieht und begreift, mein Erwählter! Es ist Zeit, daß du mich siehst und erkennst, Mario, mein Liebster... Sage, wer bin ich?«

Es war greulich, wie der Betrüger sich lieblich machte, die schiefen Schultern kokett verdrehte, die Beutelaugen schmachten ließ und in süßlichem Lächeln seine splittrigen Zähne zeigte. Ach, aber was war während seiner verblendenden Worte aus unserem Mario geworden? Es wird mir schwer, es zu sagen, wie es mir schwer wurde, es zu sehen, denn das war eine Preisgabe des Innigsten, die öffentliche Ausstellung verzagter und wahnhaft beseligter Leidenschaft. Er hielt die Hände vorm Munde gefaltet, seine Schultern hoben und senkten sich in gewaltsamen Atemzügen. Gewiß traute er vor Glück seinen Augen und Ohren nicht und vergaß eben nur das eine dabei, daß er ihnen wirklich nicht trauen durfte. »Silvestra!« hauchte er überwältigt, aus tiefster Brust.

»Küsse mich!« sagte der Bucklige. »Glaube, daß du es darfst! Ich liebe dich. Küsse mich hierher«, und er wies mit der Spitze des Zeigefingers, Hand, Arm und kleinen Finger wegspreizend, an seine Wange, nahe dem Mund. Und Mario neigte sich und küßte ihn.

Es war recht still im Saale geworden. Der Augenblick war grotesk, ungeheuerlich und spannend, – der Augenblick von Mario's Seligkeit. Was hörbar wurde in dieser argen Zeitspanne, in der alle Beziehungen von Glück und Illusion sich dem Gefühle aufdrängten, war, nicht gleich am Anfang, aber sogleich nach der traurigen und skurrilen Vereinigung von Mario's Lippen mit dem abscheulichen Fleisch, das sich seiner Zärtlichkeit unterschob, das Lachen des Giovanotto zu unserer Linken, das sich einzeln aus der Erwartung löste, brutal, schadenfroh und dennoch, ich hätte mich sehr täuschen müssen, nicht ohne einen Unterton und Einschlag von Erbarmen mit so viel verträumtem Nachteil, nicht ganz ohne das Mitklingen jenes Rufers »Poveretto!«, den der Zauberer vorhin für falsch gerichtet erklärt und für sich selbst in Anspruch genommen hatte.

Zugleich aber auch schon, während noch dies Lachen erklang, ließ der oben Geliebkoste unten, neben dem Stuhlbein, die Reitpeitsche pfeifen, und Mario, geweckt, fuhr auf und zurück. Er stand und starrte, hintübergebogenen Leibes, drückte die Hände an seine mißbrauchten Lippen, eine über der anderen, schlug sich dann mit den Knöcheln beider mehrmals gegen die Schläfen, machte kehrt und stürzte, während der Saal applaudierte und Cipolla, die Hände im Schoß gefaltet, mit den Schultern lachte, die Stufen hinunter. Unten, in voller Fahrt, warf er sich mit auseinandergerissenen Beinen herum, schleuderte den Arm empor, und zwei flach schmetternde Detonationen durchschlugen Beifall und Gelächter.

Alsbald trat Lautlosigkeit ein. Selbst die Zappler kamen

zur Ruhe und glotzten verblüfft. Cipolla war mit einem Satz vom Stuhle aufgesprungen. Er stand da mit abwehrend seitwärtsgestreckten Armen, als wollte er rufen: ›Halt! Still! Alles weg von mir! Was ist das?!‹, sackte im nächsten Augenblick mit auf die Brust kugelndem Kopf auf den Sitz zurück und fiel im übernächsten seitlich davon herunter, zu Boden, wo er liegen blieb, reglos, ein durcheinandergeworfenes Bündel Kleider und schiefer Knochen.

Der Tumult war grenzenlos. Damen verbargen in Zukkungen das Gesicht an der Brust ihrer Begleiter. Man rief nach einem Arzt, nach der Polizei. Man stürmte das Podium. Man warf sich im Gedränge auf Mario, um ihn zu entwaffnen, ihm die kleine, stumpfmetallne, kaum pistolenförmige Maschinerie zu entwenden, die ihm in der Hand hing, und deren fast nicht vorhandenen Lauf das Schicksal in so unvorhergesehene und fremde Richtung gelenkt hatte.

Wir nahmen – nun also doch – die Kinder und zogen sie an dem einschreitenden Karabiniere-Paar vorüber gegen den Ausgang. »War das auch das Ende?« wollten sie wissen, um sicherzugehen... »Ja, das war das Ende«, bestätigten wir ihnen. Ein Ende mit Schrecken, ein höchst fatales Ende. Und ein befreiendes Ende dennoch, – ich konnte und kann nicht umhin, es so zu empfinden!

Wolf Biermann
Ballade von der beißwütigen Barbara

Sie hat mich beim Küssen gebissen aufs Blut
Sie biß mir nicht nur den Mund.

Und wie ich auch schrie – da lachte sie nur.
So kam ich
                    auf den Hund.

Ich briet ihr ein Beefsteak mit Pfeffer und Salz
Für ihren beißgierigen Zahn.

Sie lachte und schmiß es zum Fenster 'raus
Und küßte
                    und biß mich dann.

Ich war auf ihr Rad geflochten wie
Ein armer Küsseklau.

Sie lachte ja nur und sie brach mir so wild
Die Glieder
                    die schlimme Frau.

Es hatte mein armer geschundener Leib
Kein heiles Stück Haut und kein Fett.

Doch als ich ihr sagte: bye bye, mein Kind,
Da biß sie
                    in ihr Bett.

Die Wunden sind lange ausgeheilt.
Mich liebt jetzt die sanfte Marie.

Doch wenn ich Marie im Arme halt,
Dann denk ich
DANN DENK ICH
Dann denk ich

nicht an Marie.

Der erste Kuß

Johann Georg Jacobi
Der erste Kuß

Leiser nannt' ich deinen Namen
Und mein Auge warb um dich:
Liebe Chloe! näher kamen
Unser beyder Herzen sich.

Und du nanntest *meinen* Namen;
Hoffen ließ dein Auge mich:
Liebe Chloe! näher kamen
Unser beyder Lippen sich.

O! es war ein süßes Neigen;
Bis wir endlich, Mund an Mund,
Fest uns hielten, ohne Zeugen:
Und geschlossen war der Bund.

Christine Busta
Versuch einer Definition

So nahe am Herzen
eines Menschen zu ruhn,
daß man vor lauter Glückseligkeit
schon zu müde ist, auch nur die Hand zu heben
nach seinem geliebten Gesicht –
oder auf seine Lippen
noch den einen Kuß zu hauchen,
den zu geben man so sehr verlangt, –

das ist Liebe.

Emile Zola
Bebend von diesem ersten Kuß

»Liebst du mich? Liebst du mich?« stammelte sie, ohne die Augen zu öffnen.

Er blieb stumm, war tief unglücklich, weil er keine Worte mehr fand, um ihr zu beweisen, daß er sie liebte. Er ließ langsam den Blick über ihr rosiges Antlitz wandern, das sich gleichsam schlafend hingab; die Lider waren hauchfein wie lebende Seide; in den Mundwinkeln bildete sich eine anbetungswürdige Falte, die leicht feucht war von einem Lächeln; die Reinheit der Stirn war am Haaransatz von einer goldenen Linie umgeben. Und er hätte sein ganzes Wesen in das Wort legen wollen, das er auf seinen Lippen fühlte, ohne es aussprechen zu können. Da neigte er sich noch weiter vor, er schien zu suchen, auf welche erlesene Stelle dieses Angesichts er das erhabene Wort niederlegen sollte. Dann sagte er jedoch nichts, sondern, Albines Lippen küssend, hauchte er nur:

»Albine, ich liebe dich!«

»Ich liebe dich, Serge!«

Und sie blieben stehen, noch bebend von diesem ersten Kuß. Sie hatte die Augen weit geöffnet. Er hatte den Mund noch zum Kusse geformt. Beide sahen einander an, ohne zu erröten. Etwas Gewaltiges, Erhabenes brach über sie herein; es war wie eine lange erwartete Begegnung, bei der sie sich als Erwachsene wiedersahen, füreinander geschaffen, für immer vereint. Einen Augenblick staunten sie, schauten empor zum andächtigen Gewölbe des Laubes, schienen das friedliche Volk der Bäume zu befragen, ob sie das Echo ihres Kusses nicht wiederfänden. Doch angesichts der heiteren Zustimmung des Hochwaldes überkam sie die Fröhlichkeit ungestraft Liebender, eine lang anhaltende, klingende Fröhlichkeit, die ganz erfüllt war vom geschwätzigen Erblühen ihrer Liebe.

»Ach, erzähl mir doch von den Tagen, da du mich geliebt hast. Sag mir alles... Liebtest du mich, als du auf meiner Hand schliefst? Liebtest du mich, als ich vom Kirschbaum fiel und du ganz blaß mit ausgestreckten Armen unten standest? Liebtest du mich auf den Wiesen, als du mich umfaßtest, um mir zu helfen, über die Bäche zu springen?«

»Sei still, laß es mich sagen. Ich habe dich immer geliebt... Und du, liebtest du mich? Liebtest du mich?«

Bis zur Nacht lebten sie von diesem Wort »lieben«, das unaufhörlich mit neuer Süße wiederkehrte. Sie suchten es, flochten es in ihre Sätze ein, sprachen es aus, wo es gar nicht hinpaßte, einzig um der Freude willen, es auszusprechen. Serge kam es nicht in den Sinn, einen zweiten Kuß auf Albines Lippen zu drücken. Es genügte ihrer Unwissenheit, den Duft des ersten zu bewahren. Sie hatten ihren Weg wieder gefunden, ohne sich auch nur im geringsten um die Fußpfade zu kümmern. Als sie aus dem Wald herauskamen, war die Abenddämmerung niedergesunken, der Mond ging auf, gelb zwischen dem dunklen Grün. Und es war eine köstliche Heimkehr mitten durch den Park, mit diesem verschwiegenen Gestirn, das durch alle Lücken der großen Bäume auf sie herabschaute. Albine sagte, der Mond liefe ihnen nach. Die Nacht war sehr milde, sternenwarm. In der Ferne ging ein mächtiges Rauschen durch die hohen Bäume, dem Serge lauschte, während er dachte: sie sprechen von uns.

Als sie durch den Blumengarten kamen, umwehte sie ein ungewöhnlich süßer Duft, jener Duft, den die Blumen des Nachts verströmen, aber schmachtender, schmeichelnder, und der gleichsam der eigentliche Atem ihres Schlummers ist.

»Gute Nacht, Serge.« – »Gute Nacht, Albine.«

Auf dem Treppenabsatz des ersten Stockwerkes hatten sie

sich an den Händen gefaßt, ohne in das Zimmer zu gehen, wo sie sich für gewöhnlich gute Nacht wünschten. Sie umarmten sich nicht. Als Serge allein war und auf dem Rand seines Bettes saß, lauschte er noch lange, wie Albine im Zimmer über ihm zu Bett ging. Er war müde von einem Glück, das ihm die Glieder einschläferte.

Elias Canetti
Ich küßte sie immer wieder

Alles, was ich damals in England erlebte, bestach mich durch seine Ordnung. Das Leben in Rustschuk war heftig und laut gewesen und reich an schmerzlichen Unglücksfällen. Etwas an der Schule muß mich aber auch angeheimelt haben. Ihre Räume lagen zu ebener Erde, wie in unserem Haus in Bulgarien, es gab keinen Stock wie im neuen Manchester-Haus und hinten öffnete sich die Schule auf einen großen Garten. Türen und Fenster des Schulzimmers waren immer offen und bei jeder Gelegenheit waren wir im Garten. Sport war das weitaus wichtigste Fach, vom ersten Tage an kannten sich die anderen Knaben in den Regeln aus, als wären sie Cricket-spielend geboren worden. Donald, mein Freund, gab nach einiger Zeit zu, daß er mich anfangs für dumm gehalten habe, weil man mir die Regeln erklären und wiederholen mußte, bis ich sie endlich begriff. Er sprach erst nur aus Mitleid zu mir, er saß neben mir, aber als er mir dann einmal Briefmarken zeigte und ich von jeder Marke das Land gleich wußte, als ich dann gar Marken aus Bulgarien hervorzog, die er noch nicht kannte, und statt sie mit ihm zu tauschen, ihm gleich schenkte, »weil ich davon soviel habe«, begann ich ihn zu interessieren und wir wurden Freunde. Ich glaube nicht, daß ich ihn bestechen wollte, ich war ein sehr stolzes Kind, aber beeindrucken wollte ich ihn sicher, denn ich spürte seine Herablassung.

Unsere Briefmarken-Freundschaft entwickelte sich so rasch, daß wir während der Stunden verstohlen kleine Spiele mit den Marken unter der Bank aufführten. Man sagte uns nichts, auf die freundlichste Weise wurden wir auseinandergesetzt und unsere Spiele auf den Heimweg eingeschränkt.

An seiner Stelle wurde ein kleines Mädchen neben mich gesetzt, Mary Handsome. Ich schloß sie gleich wie eine Briefmarke ins Herz. Ihr Name, der ›hübsch‹ bedeutet, wunderte mich, ich wußte nicht, daß Namen etwas bedeuten könnten. Sie war kleiner als ich und hatte helle Haare, aber das Schönste an ihr waren ihre roten Backen, ›wie Äpfelchen‹. Wir sprachen gleich miteinander und sie antwortete auf alles, aber auch wenn wir nicht sprachen, während der Schulstunden, mußte ich sie immer ansehen. Ich war von ihren roten Backen so sehr verzaubert, daß ich nicht mehr auf Miss Lancashire achtete, ihre Fragen nicht hörte und verwirrt antwortete. Ich wollte die roten Backen küssen und mußte mich zusammennehmen, es nicht zu tun. Nach der Schule begleitete ich sie, sie wohnte in der entgegengesetzten Richtung von mir, und ließ Donald, der sonst immer mit mir fast bis nach Hause gegangen war, ohne Erklärung stehen. Ich begleitete Little Mary, wie ich sie nannte, bis zur Ecke der Straße, in der sie wohnte, küßte sie rasch auf die Backe und lief eilig nach Hause, ohne jemand ein Wort davon zu sagen.

Das wiederholte sich eine Weile, und solange ich sie bloß zum Abschied an der Ecke küßte, geschah nichts, vielleicht schwieg auch sie zu Hause darüber. Aber meine Neigung wuchs, die Schule interessierte mich nicht mehr, ich wartete auf den Augenblick, da ich neben ihr gehen würde, und bald wurde mir der Weg bis zur Ecke zu lang und ich versuchte, sie schon vorher auf die rote Backe zu küssen. Sie wehrte sich und sagte: »Du darfst mich erst an der Ecke küssen, zum Abschied, sonst sag ich's meiner Mutter.« Das Wort ›good-bye kiss‹, das sie gebrauchte, während sie sich heftig abwandte, machte einen tiefen Eindruck auf mich und ich ging nun rascher bis zu ihrer Ecke, sie blieb stehen, als ob nichts gewesen wäre und ich küßte sie wie früher. Am nächsten Tag riß mir die Geduld und ich küßte sie gleich, als wir auf der Straße waren. Um ihrem Zorn zuvorzukommen, wurde ich selber zornig und sagte drohend: »Ich werde dich küssen, so oft ich will, ich warte nicht bis zur Ecke.« Sie versuchte davonzulaufen, ich hielt sie fest, wir gingen einige Schritte weiter, ich küßte sie wieder, ich küßte sie immer wieder bis zu ihrer Ecke. Sie sagte nicht good-bye, als ich sie endlich losließ, sie sagte nur: »Jetzt sag ich's meiner Mutter!«

Ich hatte keine Angst vor ihrer Mutter, meine Passion für ihre roten Backen war nun so groß, daß ich zu Hause zum Staunen unserer Gouvernante laut sang: »Little Mary is my sweetheart! Little Mary is my sweetheart! Little Mary is my sweetheart!«

Das Wort ›sweetheart‹ hatte ich von der Gouvernante selbst. Sie gebrauchte es, wenn sie meinen kleinen Bruder Georgie küßte, er war ein Jahr alt und sie führte ihn im Kinderwagen spazieren. »You are my sweetheart«, sagte die Person mit dem knochigen Gesicht und der spitzen Nase und küßte das Kind immer wieder. Ich fragte, was das Wort ›sweetheart‹ bedeute, und alles, was ich erfuhr, war, daß unser Stubenmädchen Edith ein ›sweetheart‹, einen Schatz habe. Was man damit tue? Man küsse ihn, so wie sie den kleinen Georgie. Das hatte mich ermutigt und ich war mir keiner Schuld bewußt, als ich vor der Gouvernante mein Triumphlied anstimmte.

Am nächsten Tag kam Mrs. Handsome in die Schule.

Plötzlich stand sie da, eine stattliche Frau, sie gefiel mir noch besser als ihre Tochter, und das war mein Glück. Sie sprach mit Miss Lancashire und dann trat sie zu mir und sagte sehr bestimmt: »Du wirst die kleine Mary nicht mehr nach Hause begleiten. Du hast einen anderen Heimweg. Ihr werdet nicht mehr nebeneinander sitzen und du wirst nicht mit ihr sprechen.« Es klang nicht zornig, sie schien nicht böse, aber es war so bestimmt und doch ganz anders, als meine Mutter es gesagt hätte. Ich nahm es Mrs. Handsome nicht übel, sie war wie ihre Tochter, die ich hinter ihr gar nicht sah, aber an ihr gefiel mir alles, nicht nur die Wangen, besonders gefiel mir ihre Sprache. Englisch hatte in dieser Zeit, als ich zu lesen begann, eine unwiderstehliche Wirkung auf mich, und eine Rede, in der ich eine so wichtige Rolle spielte, hatte mir noch niemand auf englisch gehalten.

Das war das Ende dieser Geschichte, aber es war, wie man mir später erzählte, nicht ganz so einfach abgegangen. Miss Lancashire hatte meine Eltern zu sich gebeten und mit ihnen beraten, ob ich in der Schule bleiben solle. Eine so heftige Passion hatte sie noch nie in ihrer Schule erlebt, sie war ein wenig verwirrt und fragte sich, ob es damit zusammenhängen könne, daß ›orientalische‹ Kinder viel früher reif werden als englische. Der Vater hatte sie beruhigt, er verbürge sich dafür, daß es eine unschuldige Sache sei. Vielleicht hänge es mit den auffallend roten Backen des Mädchens zusammen. Er bat Miss Lancashire, es noch eine Woche zu versuchen, und er behielt recht. Ich glaube nicht, daß ich Little Mary je wieder eines Blickes gewürdigt habe. So wie sie hinter ihrer Mutter stand, war sie für mich in sie aufgegangen. Ich sprach zu Hause noch oft mit Bewunderung von Mrs. Handsome. Ich weiß aber nicht, was Mary später auf der Schule tat, wie lange sie blieb, ob man sie wegnahm und in eine andere Schule schickte, meine Erinnerung besteht für die Zeit, in der ich sie küßte.

Wie richtig der Vater vermutet hatte, als er meinte, es hänge mit den roten Backen des Mädchens zusammen, wußte er wohl selber nicht. Ich habe später über diese junge Liebe nachgedacht, die ich nie vergaß, und eines Tages fiel mir das erste spanische Kinderlied ein, das ich in Bulgarien gehört hatte. Ich wurde noch auf dem Arm getragen und ein weibliches Wesen näherte sich mir und sang: »Manzanicas colorados, las que vienen de Stambol« – »Äpfelchen rote, die kommen von Stambol«; dabei kam sie mit dem Zeigefinger meiner Backe immer näher und stieß ihn plötzlich fest hinein. Ich quietschte vor Vergnügen, sie nahm mich in die Arme und küßte mich ab. Das passierte so oft, bis ich das Lied selber singen lernte. Dann sang ich es mit, es war mein erstes Liedchen, und alle, die mich zum Singen bringen wollten, trieben dieses Spiel mit mir. Vier Jahre später fand ich meine eigenen Äpfelchen in Mary wieder, die kleiner war als ich, die ich immer ›klein‹ nannte, und ich wundere mich nur, daß ich den Finger nicht in ihre Wangen stieß, bevor ich sie küßte.

Thomas Mann
So glücklich wie noch niemals in meinem Leben

Er wälzte sich völlig herum, so daß er nun auf dem Bauche neben ihr lag, ergriff, indem er die Ellenbogen aufstützte, mit beiden Händen die ihre und sah mit seinen stahlblauen, gutmütigen Augen entzückt und begeistert in ihr Gesicht.

»Und Sie... Sie mokieren sich nicht über mich, wenn ich Ihnen sage, daß...«

»Ich weiß, Morten«, unterbrach sie ihn leise, während sie

seitwärts auf ihre freie Hand blickte, die langsam den weichen, weißen Sand durch die Finger gleiten ließ.

»Sie wissen...! Und Sie... *Sie*, Fräulein Tony...«

»Ja, Morten. Ich halte große Stücke auf Sie. Ich habe Sie sehr gern. Ich habe Sie lieber als alle, die ich kenne.«

Er fuhr auf, er machte ein paar Armbewegungen und wußte nicht, was er tun sollte. Er sprang auf die Füße, warf sich sofort wieder bei ihr nieder und rief mit einer Stimme, die stockte, wankte, sich überschlug und wieder tönend wurde vor Glück: »Ach, ich danke Ihnen, ich danke Ihnen! Sehen Sie, nun bin ich so glücklich wie noch niemals in meinem Leben...!« Dann fing er an, ihre Hände zu küssen.

Plötzlich sagte er leiser: »Sie werden nun bald nach der Stadt abreisen, Tony, und meine Ferien sind in vierzehn Tagen zu Ende... dann muß ich wieder nach Göttingen. Aber wollen Sie mir versprechen, daß Sie diesen Nachmittag hier am Strande nicht vergessen werden, bis ich zurückkomme... und Doktor bin... und bei Ihrem Vater für uns bitten kann, so schwer es sein wird? Und daß Sie unterdessen keinen Herrn Grünlich erhören werden? ... Oh, es wird nicht lange dauern, passen Sie auf! Ich werde arbeiten, wie ein... und es ist gar nicht schwer...«

»Ja, Morten«, sagte sie glücklich und abwesend, indem sie seine Augen, seinen Mund und seine Hände betrachtete, die die ihren hielten...

Er zog ihre Hand noch näher an seine Brust und fragte gedämpft und bittend: »Wollen Sie mir daraufhin nicht... Darf ich das nicht... bekräftigen...?«

Sie antwortete nicht, sie sah ihn nicht einmal an, sie schob nur ganz leise ihren Oberkörper am Sandberg ein wenig näher zu ihm hin, und Morten küßte sie langsam und umständlich auf den Mund. Dann sahen sie nach verschiedenen Richtungen in den Sand und schämten sich über die Maße.

Julian Barnes
Hey, ich hatte eine Französin geküßt!

Doch wie, so fragte ich mich, war es mit dem ersten Kuß? Und überhaupt, sollte der, konnte der so schnell kommen? Ich hatte keinen Schimmer von den französischen Gepflogenheiten, wußte aber, daß ich nicht fragen durfte: *baiser* heißt schließlich sowohl bumsen als auch küssen. Was nun genau erlaubt war oder erwartet wurde, war mir schleierhaft. Toni und ich hatten mal ein Verschen

> Küßt sie beim ersten
> kannst du scharf rangehn,
> küßt sie beim zweiten –
> versuchst du's weiter,
> küßt sie beim dritten
> kommst du niemals zum Ficken!

– aber das war mit der Selbstsicherheit der Unerfahrenen verfaßt und außerhalb der heimatlichen Gefilde vielleicht sowieso nicht gültig. Dann fiel mir ein – na klar, halt dich an die örtlichen Gepflogenheiten. Nutze die Allgegenwart von *le shake-hand*. Gib ihr deine Kralle, halte die ihre länger als notwendig fest, und dann zieh sie mit verhaltener, sinnlicher, unwiderstehlicher Kraft allmählich an dich und schau ihr dabei so in die Augen, als hätte man dir gerade ein Exemplar der ersten, verbotenen Auflage von *Madame Bovary* in die Hand gedrückt. Gute Gedankenarbeit.

Ihr Bus kam, ich streckte eine unsichere Hand aus, sie ergriff sie rasch, tupfte, ehe ich wußte, was sie im Schilde führte, ihre Lippen an meine Wange, ließ meine schlaff gewordene Klaue los, kramte ihr *carnet* raus, rief *»A bientôt«*, und weg war sie.

Ich hatte sie geküßt! Hey, ich hatte eine Französin geküßt!

Sie mochte mich! Und dabei war ich noch nicht mal wochenlang vorher rumgeschlichen, um rauszufinden, was das für eine war.

Virginia Woolf
Diese gräßliche Sache

Sowie sie am Strand waren, trennten sie sich, und er ging hinaus bis zu Pope's Nose, wozu er die Schuhe auszog und die Socken zusammengerollt hineinstopfte, und überließ dies Paar sich selbst; Nancy watete hinaus zu ihren eigenen Felsen und suchte ihre eigenen Wasserlöcher ab und überließ dies Paar sich selbst. Sie kauerte sich ganz tief nieder und berührte die glatten, gummiartigen Seeanemonen, die wie Geleeklumpen an der Flanke des Felsens klebten. Grübelnd machte sie aus dem Wasserloch das Meer, und die Elritzen wurden zu Haien und Walen, und sie warf große Wolken über diese winzige Welt, indem sie die Hand gegen die Sonne hielt und so Finsternis und Verzweiflung, wie Gott selbst, über Millionen unwissender und unschuldiger Geschöpfe brachte und dann plötzlich die Hand wegzog und das Sonnenlicht herabfluten ließ. Draußen auf dem bleichen, von einem Wellenmuster überzogenen Sand stakste hochbeinig, fransig, irgendein fantastisches Meerungeheuer (sie vergrößerte immer noch das Wasserloch) und verschwand in die weitläufigen Felsspalten des Berghangs. Und dann, als sie den Blick kaum merklich über das Wasserloch gleiten und auf jener wabernden Linie von Meer und Himmel ruhen ließ, auf den Baumstümpfen, die der Rauch der Dampfer am Horizont wabern ließ, wurde sie von all der wild hereinfegenden und unweigerlich mitreißenden Gewalt hypnotisiert, und die beiden Eindrücke, der gewaltigen Weite und der darin gedeihenden Winzigkeit hier (das

Wasserloch war erneut verschwunden), lösten in ihr das Gefühl aus, an Händen und Füßen gefesselt zu sein und sich wegen der starken Empfindungen nicht rühren zu können, die ihren Körper, ihr Leben und das Leben aller Menschen auf der Welt auf alle Zeiten bis zur Nichtigkeit reduzierten. So grübelte sie, auf die Wellen horchend, über das Wasserloch gekauert.

Und Andrew schrie, die Flut komme herein, also sprang sie spritzend durch die seichten Wellen ans Ufer und rannte den Strand hinauf und wurde von ihrem eigenen Ungestüm und ihrem Verlangen nach rascher Bewegung geradenwegs hinter einen Felsen getragen, und dort, oh Himmel!, lagen Paul und Minta einander in den Armen und küßten sich wahrscheinlich. Sie war empört, entrüstet. Sie und Andrew zogen in tödlichem Schweigen Schuhe und Strümpfe an, ohne ein Wort darüber zu verlieren. Tatsächlich waren sie ziemlich gereizt miteinander. Sie hätte ihn doch rufen können, als sie den Panzerkrebs, oder was es nun war, gesehen hatte, murrte Andrew. Jedoch waren sie sich einig in der Überzeugung, das ist nicht unsere Schuld. Sie hatten nicht gewollt, daß diese gräßliche Sache passierte. Trotzdem verdroß es Andrew, das Nancy eine Frau, und Nancy, daß Andrew ein Mann war, und sie banden ihre Schuhe sehr sorgfältig zu und zogen die Schleifen sehr fest.

Irmgard Keun
Manchmal wird man auch mit glühenden Küssen bedeckt

Ich bin jetzt dreizehn Jahre alt geworden, da ist es ein Blödsinn und ein Verbrechen, mich immer noch als Kind zu behandeln. In drei Jahren darf ich erst heiraten, das ist noch lange hin, aber auch diese Zeit geht vorüber. Ich werde mit Theo Samander zusammen warten. Gestern erst trafen die Elli und ich im Hohenstaufenbad Lydia Grohmann. Das ist ein Mädchen, das manchmal mit uns spricht, trotzdem es zwei Klassen über uns ist. Und das sagte: um unsere Entwicklung brauchen wir uns gar keine Sorgen zu machen, wir hätten schon Ansatz von Busen.

Mit der Elli habe ich überlegt, wie nun eigentlich das Heiraten und die leidenschaftliche Liebe zusammenhängen, und ob das wohl mit dem Kinderkriegen was zu tun hat. Die Sache mit dem Kinderkriegen ist uns noch nicht ganz klar, aber wir glauben nicht, daß es mit wahrer Liebe was zu tun hat. Wir wollten mal heimlich im Herrenzimmer bei Puckbaums alles lesen. Gretchen Katz hatte nämlich gesagt, sie hätte gehört von ihrem Vetter: im Lexikon stünde alles darüber drin. Also haben wir das Wort Kinderkriegen im Lexikon gesucht, – aber natürlich hat Gretchen sich von ihrem Vetter zum Geck halten lassen, – das Wort Kinderkriegen steht überhaupt nicht drin.

Mit Liebe wird das jedenfalls bestimmt nichts zu tun haben. Ich habe ja wirklich genug gelesen in Büchern und Theaterstücken und weiß: Liebe bedeutet, einander fest umschlungen halten. Und das will ich auch tun. Manchmal wird man auch mit glühenden Küssen bedeckt, das hätte ich nicht sehr gern. Zu Weihnachten muß ich immer alle eingeladenen Verwandten küssen, und sie küssen mich. Ich werde dann so eklig naß im Gesicht und laufe raus aus dem Zimmer, um mich schnell abzuwischen. Im Zimmer denken sie dann, ich wäre ergriffen, – und das bin ich auch. Trotzdem wische ich. Es wäre mir aber jetzt bedeutend lieber, wenn ich Theo Samander leidenschaftlich lieben könnte ohne glühende Küsse.

Ernest Hemingway
Ich will auch küssen

Während die Sonne auf ihr weizenbraunes Haar schien und auf ihr goldbraunes, zarthübsches Gesicht und auf die Wölbung ihres Halses, bog er ihren Kopf zurück und drückte sie an sich und küßte sie. Er fühlte, wie sie zitterte, als er sie küßte, und er preßte ihren ganzen Körper fest an sich und fühlte durch die zwei Khakihemden hindurch ihre Brüste an seiner Brust, fühlte die kleinen, festen Brüste, und er öffnete die Knöpfe ihres Hemdes und beugte sich nieder und küßte sie, und zitternd stand sie da, den Kopf zurückgebeugt, von seinem Arm umfaßt. Dann ließ sie das Kinn auf seinen Kopf sinken, und dann fühlte er, wie ihre Hände seinen Kopf faßten und ihn an ihrer Brust wiegten. Er richtete sich auf, preßte sie mit beiden Armen so fest an sich, daß sie den Boden unter den Füßen verlor, und er fühlte, wie sie zitterte, und dann berührten ihre Lippen seinen Hals, und dann stellte er sie nieder und sagte: »Maria, o meine Maria.«

Dann sagte er: »Wo gehen wir hin?«

Sie antwortete nicht, sondern schob die Hand unter sein Hemd, und er fühlte, wie sie das Hemd aufknöpfte, und sie sagte: »Dich auch. Ich will auch küssen.«

»Nein, kleines Kaninchen.«

»Ja. Ja. Alles so wie du.«

»Nein, das geht nicht.«

»Dann aber! Dann! Oh, dann! Oh.«

Dann war da der Duft des zerdrückten Heidekrautes und unter ihrem Kopf das rauhe Gewirr der zur Erde gebogenen Stengel und hell die Sonne auf ihren geschlossenen Augen, und sein Leben lang wird er die Kurve ihres Halses nicht vergessen, wie ihr Kopf zurückgebeugt zwischen den Heidekrautwurzeln ruhte, und ihre Lippen, die sich leise und ganz von selbst bewegten, und das Flattern der Lider über den Augen, die sich der Sonne verschlossen und allem, und alles war rot für sie, orangefarben, goldgelb von dem Sonnenlicht auf ihren geschlossenen Augen, und alles hatte die gleiche Farbe, die Erfüllung, das Besitzen, das Nehmen, alles die gleiche Farbe, in der Blindheit, die Farbe war. Für ihn war es ein dunkler Weg, der nach Nirgendwo führte und weiter nach Nirgendwo und abermals weiter nach Nirgendwo und noch einmal nach Nirgendwo, immer und ewig nach Nirgendwo, schwer auf den Ellbogen in die Erde gekrampft nach Nirgendwo, dunkel, ohne Ende nach Nirgendwo, hangend immer und alle Zeit nach dem bewußtlosen Nirgendwo, diesmal und immer für ewig nach Nirgendwo, unerträglich jetzt, immer wieder und immer nach Nirgendwo, unerträglich jetzt aufwärts, aufwärts, aufwärts und ins Nirgendwo, plötzlich, versengend, umfassend, und alles Nirgendwo ist dahin, und die Zeit steht still, und da waren sie beide, da die Zeit stillstand, und er fühlte, wie unter ihm die Erde wich und versank.

Dann lag er auf der Seite, den Kopf tief ins Heidekraut vergraben, und er roch die Blüten, die Wurzeln, die Erde, und die Sonne schien durch das Gestrüpp, und es kratzte ihn an den nackten Schultern und den Hüften, und das Mädchen lag ihm gegenüber, hatte die Augen noch geschlossen und öffnete sie dann und lächelte ihm zu, und er sagte sehr müde und aus weiter, aber freundlicher Ferne: »Hallo, Kaninchen.« Und sie lächelte und sagte aus gar keiner Ferne: »Hallo, mein *Inglés*.«

»Ich bin kein *Inglés*«, sagte er sehr träge.

»O doch«, sagte sie. »Du bist mein *Inglés*!« Und sie nahm ihn bei den Ohren und küßte ihn auf die Stirn.

»So«, sagte sie. »Wie war das? Küsse ich dich jetzt besser?«

Goffredo Parise
Jetzt küsse ich sie

An einem Sommertag ging eine fünfzigjährige Frau mit einem besonders schönen griechischen Namen an einem Fluß entlang, und während sie eine Wiese mit hohem Gras und Pappeln jenseits des Wassers betrachtete, erinnerte sie sich an einen Kuß.

Sie war zwanzig Jahre alt, er dreizehn, und sie lebten in einer alten italienischen Stadt. Der Junge war der ›beste Freund‹ ihres Bruders geworden, aber sie hatte ihn nie gesehen, nur gehört und ihn sich vage vorgestellt, wenn sie in ihrem Zimmer saß und Infinitesimalrechnung betrieb (sie war die Beste an der Fakultät für Physik), während die beiden Freunde an der Haustür tuschelten. Er war ihr nicht sympathisch: Die Jungen verbrachten zuviel Zeit miteinander, sie hießen Achilles und Patroklos (ihr Bruder war Patroklos, aber es wäre ihr lieber gewesen, ihr Schützling wäre Achill). Ihre Spiele, die alle sein neuer Freund erfand, waren gefährlich und eigenartig. Einmal kam eine Dame ins Haus, um sich zu beschweren: Sie gingen auf den Dächern und den Bäumen in den Gärten spazieren, sie sprängen von Dach zu Ast bis in die großen Eichen drüben im Park.

Der Bruder redete den ganzen Tag vom Bau einer gewissen *tavern of Jamaica*, aus kleinen Ziegeln, mit Fenstern und winzigen Möbeln, mit der sie sich seit einem Monat beschäftigten. All diese Arbeit, nur um sie in einer Gewitternacht ins Feuer zu werfen und zuzuschauen, wie sie verbrannte. Wer weiß, warum es ihr lieber gewesen wäre, daß diese Freundschaft zu Ende gehen und sie ihn nie sehen würde: Statt dessen sah sie ihn am Weihnachtstag des Jahres 1943, ein paar Minuten nach dem ersten Bombenangriff ihres Lebens: Sie kam zitternd ins Haus, und er rannte hinaus. Aus

Angst oder vielleicht aus Erleichterung, sich lebend zu begegnen, fielen sie sich, als hätten sie sich gesucht, in die Arme, und sie erkannten einander, obwohl sie sich vorher nie gesehen hatten. Aber das genügte nicht, um die Abneigung zu überwinden.

Der Krieg ging weiter, sie zog mit ihrer Familie in eine große Villa auf dem Land, die ›beiden Heroen‹ wurden voneinander getrennt, mit Abschiedsszenen und Tränen, aber die Freundschaft war so groß, daß sie einen Weg fanden, wieder zusammenzukommen; auch der Junge zog mit seiner Familie aufs Land, in ein kleines Bauernhaus in nächster Nähe der Villa.

Die Jungen bewegten die Pferde und striegelten sie danach, nachmittags schliefen sie Arm in Arm und verschwitzt im Heu; wenn die Sonne unterging, stiegen sie auf die Dächer, um die Pfauen zu zähmen, abends bauten sie an einem Schiff namens *Marianna* (wie die *praho* von Sandokan), das, einmal fertig und in einem Kanal vom Stapel gelassen, mit Hilfe einer Reihe winziger Kanonen versenkt werden sollte. Wozu diese Manie, mit großer Begeisterung etwas zu bauen und dann zu zerstören? fragte sie sich, und dies ließ etwas wie eine Ahnung, zugleich betrübt und lebensfroh, von der Existenz gewisser Dinge in ihr aufkommen, die sie mittels ihrer so lieben und präzisen Gleichungen nicht beweisen konnte. Aber eines frühen Morgens sah sie den Jungen in einem Auto, totenbleich und vom Schmerz abgemagert, während sie ihn ins Krankenhaus brachten; sie glaubte, er wäre tot, küßte ihn auf den Kopf und lief den ganzen Tag weinend durch die Felder. Er starb jedoch nicht (er hatte seltsame Würmer, die der Medizin unbekannt waren), und sie lachten miteinander, als sie ihn mit ihrem Bruder besuchte, welcher weinte. Er wurde wieder gesund, und sie wurde ihm gegenüber hochmütig wie zuvor. Eines Tages betrachtete sie sich in einem großen Spiegel, und als sie den Jungen bemerkte, der sie beobachtete, spürte sie für einen Augenblick in sich maßlose und staunende Eitelkeit, die sich auch auf ihrem Gesicht zeigte. Der Junge nahm diesen Augenblick wahr (über den sie selbst staunte und errötete), und er war überzeugt, daß er ihn verursacht hatte.

Sie hatte einen Verlobten, einen Medizinstudenten, der Offizier in Griechenland war; sie schrieben sich, und in der Familie hieß es, sobald Krieg und Studium beendet seien, würden sie heiraten. Der Junge stahl diese Briefe und las sie im Heu versteckt in einem Stall; dann brachte er sie an ihren Platz zurück, sie sah ihn, im Schatten ihres Zimmers verborgen, sagte aber nichts. Der Junge las aus den Briefen, daß vielleicht der Verlobte sie liebte, aber sie nicht den Verlobten.

Eines Tages bat sie ihn, ihr zur helfen, das Haar in einem Brunnen zu waschen: Der Junge wusch und bürstete in der Sonne ihre Haare, die kurz, tiefschwarz und sehr lockig waren, aber sein Herz klopfte heftig, seine Hände zitterten und er dachte voll tiefer Scham, daß er verliebt sei. Aber was war Liebe überhaupt? Jeder der beiden fragte es sich, ohne es vom anderen zu wissen. Sich die Frage mit »sie ist es« zu beantworten, war für den Jungen unmöglich, verworren, verboten. Für sie, die, wenn sie ihn sah, ein Unbehagen verspürte, das der Freude sehr nahekam, war Liebe eine ›ernste‹ Sache, die sich später, mit der Rückkehr des Verlobten aus dem Krieg, schon einstellen oder aber ganz plötzlich von irgendwoher kommen würde.

Leider erschien sie, oder sie glaubte, sie erscheinen zu sehen, in Form eines jungen deutschen Hauptmanns, einer Art Zigeuner mit tiefschwarzen Augen, der mit großem Gepolter daherkam, um die Villa zu beschlagnahmen. Dann erschienen die Soldaten, und ihre Familie zog in einen Flügel neben der Scheune. Die Deutschen töteten, als gar nicht die richtige Zeit dazu war, Schweine mit schnellen Revolver-

schüssen in die Stirn, nachts geboten sie den Vorübergehenden Halt und schossen, sie veranstalteten Tanzfeste, an denen nahm sie teil in einem Kleid aus plissiertem Organza, aber der Junge wollte sie nie sehen. Eines Abends sah er sie im Schatten, hörte das Rascheln des Plissées und hielt die ganze Zeit den Atem an. Die Pfauen verließen das Dach der Villa, sie hörte ihren Schrei sich in die Nacht entfernen, während sie wach lag und an den deutschen Hauptmann dachte (er hieß Werner), der im schwarzen Slip, wie eine Schlange in der Sonne ausgestreckt, die Pistole am Gurt auf der schwarzen Haut, sie mit einem gewissen Lächeln ansah, wenn sie vorbeiging. Vor diesem Lächeln machte sie ein Gesicht wie vor dem Spiegel, maßlos eitel, und doch hätte sie alles getan, was er wollte.

Es geschah auch etwas an einem Nachmittag, unzählige Zikaden lärmten in den Kornspeichern der Villa, es hatte mit zahlreichen Kämpfen, Schwitzen und Kratzen zu tun. Aber von diesem Tag an war sie traurig und verändert, sie sah jenen Werner, der Zigarren rauchte und lachte, nicht mehr an und lief für drei Tage von zu Hause fort, sie wollte sich freiwillig zum Hilfskorps der Republik von Salò melden. Sie kehrte jedoch zurück, und als sie voller Freude den Jungen wiedersah, kam ihr der Gedanke: »Was ist nur mit mir los? Er ist doch sieben Jahre jünger als ich.«

Ihre Familie zog überraschend nach Mailand, der Krieg ging zu Ende, die Freundschaft der beiden Jungen hatte in jenem Sommer den Hochpunkt der Parabel schon überschritten, zwei Jahre lang sahen sie sich nicht mehr. Er vergaß schnell und fing an, sich mit Mädchen seines Alters zu treffen; als sie wiederkam, erinnerte er sich an fast nichts mehr, aber sie trafen sich trotzdem wieder, sie sprachen vom Sommer auf dem Land während des Krieges, als ob viele Jahre vergangen seien. Beide hätten sie mehr über jene Tage sagen wollen, aber sie hielten inne mit dem Gefühl, daß man nicht mehr sagen konnte. Dieses ungesagte ›Mehr‹ bewirkte, daß sie sich abends immer häufiger trafen, und der Junge, der ›groß‹ geworden war (er war sechzehn Jahre alt), fuhr sie auf der Stange seines Fahrrads spazieren. Er wußte, daß der Verlobte aus Griechenland zurückgekehrt war, daß sie sich aber voneinander getrennt hatten. Sie wollte in diesem Jahr ihr Examen ablegen, sie sprachen viel von Dingen, die ihnen höchst wichtig erschienen, und sie gab sich den Anschein einer rationalen Skeptikerin, um ihm, der die Vernunft immer als unzureichend und oft als erbärmlich befand, etwas entgegenzusetzen. Er besuchte die Oberschule und las viel, sie behauptete, Hegel zu mögen (aber das war nicht wahr, sie wußte nichts über Hegel), er sagte, er möge ihn nicht. Über Marx sprach man damals unter jungen Leuten weniger, man hatte nur vage Kenntnisse über ihn, jedenfalls skizzierten sie ihn nur grob und ›übersprangen‹ ihn. Ihre Familie war auf seiten der Faschisten gewesen, sein Großvater war Anarchist, und der Enkel mehr oder weniger auch. Zwar erinnerte er sich an den Satz ›Eigentum ist Diebstahl‹, den er in frühester Kindheit gehört hatte, aber er verwendete ihn nicht; auch wenn etwas Wahres daran war, erschien es ihm falsch, den Satz auszusprechen.

Es geschah, daß sich der Junge auf einen Schlag bis über beide Ohren in eine ›blonde Signora‹ verliebte, der alle Schüler nachschauten, seine Chancen standen gut, aber das, was alle Schulkameraden vermuteten, tat er mit der ›blonden Signora‹ nicht. Er tat es deshalb nicht, weil er an sie dachte und sich schämte. Auch sie dachte an ihn. Eines Tages sah sie, wie er das Haus der ›blonden Signora‹ verließ, er trug kurze Cordsamthosen, Tennisschuhe und eine leichte, ein wenig ausgebleichte Jacke aus blauem Baumwollstoff mit Reißverschluß. Sie erröteten, sie neigte den Kopf, der Junge lief in seinen Tennisschuhen lautlos hinter ihr her; sie tat, als ob nichts wäre, begriff aber, daß jenes so komplizierte und nicht sagbare ›Mehr‹ in Wirklichkeit etwas ganz Einfaches war. Eines Tages sagte sie: »Zwischen uns gibt es etwas, das mehr ist als Freundschaft.« Sie dachte aber: »Wie ist das möglich? Er ist sieben Jahre jünger als ich, ich bin eine Frau, und er ist ein Kind.«

Sie begannen, sich bei den Händen zu halten, das dauerte zwei Monate und länger, und eines Abends, als sie im Gras unter einer Pappel an einem Fluß lagen, sprachen sie nicht und hielten sich auch nicht an den Händen. Der Junge sagte sich: »Jetzt küsse ich sie«, und sie dachte, er würde sie küssen, sie wartete darauf und stellte es sich vor. Aber es vergingen mehr als zwei Stunden, *tout était dans l'air*, nichts geschah, und sie drehte den Kopf zur Seite, kaute an einem Grashalm und dachte: »Ich wußte es, es geht einfach nicht, er ist sieben Jahre jünger als ich, und ich gefalle ihm nicht, weil ich zu alt bin.« Aber der Junge drehte sich um, und mit einer Bestimmtheit, die ihr grenzenlos erschien, nahm er den Grashalm aus ihrem Mund und legte seine geschlossenen Lippen auf die ihren.

Eduard Mörike
Nimmersatte Liebe

So ist die Lieb'! So ist die Lieb'!
Mit Küssen nicht zu stillen:
Wer ist der Tor und will ein Sieb
Mit eitel Wasser füllen?
Und schöpfst du an die tausend Jahr'
Und küssest ewig, ewig gar,
Du tust ihr nie zu Willen.

Die Lieb', die Lieb' hat alle Stund'
Neu wunderlich Gelüsten;
Wir bissen uns die Lippen wund,
Da wir uns heute küßten.
Das Mädchen hielt in guter Ruh',
Wie's Lämmlein unterm Messer;
Ihr Auge bat: »Nur immer zu!
Je weher, desto besser!«

So ist die Lieb'! und war auch so,
Wie lang' es Liebe gibt,
Und anders war Herr Salomo,
Der Weise, nicht verliebt.

Doch wagt ich es

Christian Felix Weiße
Der Kuß

Ich war bei Chloen ganz allein,
Und küssen wollt ich sie:
Jedoch sie sprach: sie würde schrein,
Es sei vergebne Müh!

Doch wagt ich es, und küßte sie,
Wie oft? fällt mir nicht ein!
Und schrie sie nicht? Ja wohl, sie schrie – –
Doch lange hinter drein.

Gesualdo Buffalino
Einmal versprach sie einen Kuß

Sie kam und verschwand nach sechs Monaten, die langobardische Lucia, einzige Tochter eines umherirrenden Brükkenbauingenieurs, der wir, um sie zu ärgern, den Namen Ciuzza aufgezwungen hatten. Blaß, mit ihrem schwarzen, impulsiven Haarschopf, den sie wie ein dunkles Banner schwenkte, gierigen, blanken Augen, einer Haut wie Tulpenblätter... Einmal versprach sie einen Kuß für eine Lateinaufgabe, die sie wahnsinnig machte. Sie versprach es mit Schwur, aber am nächsten Tag, da kreuzte sie auf eine gewisse Art die Finger hinter dem Rücken, und den strengen Ratschlägen des Textes gehorchend (ach, es war Seneca), sagte sie nein und immer wieder nein, ohne sich umzuwenden – und lachte dabei aus vollem Halse.

Brüder Grimm
Ich fürchte mich nicht

Vor Zeiten war ein König und eine Königin, die sprachen jeden Tag: »ach, wenn wir doch ein Kind hätten!« und kriegten immer keins. Da trug sich zu, als die Königin einmal im Bade saß, daß ein Frosch aus dem Wasser ans Land kroch und zu ihr sprach: »dein Wunsch wird erfüllt werden, ehe ein Jahr vergeht, wirst du eine Tochter zur Welt bringen.« Was der Frosch gesagt hatte, das geschah, und die Königin gebar ein Mädchen, das war so schön, daß der König vor Freude sich nicht zu lassen wußte und ein großes Fest anstellte. Er ladete nicht bloß seine Verwandte, Freunde und Bekannte, sondern auch die weisen Frauen dazu ein, damit sie dem Kind hold und gewogen wären. Es waren ihrer dreizehn in seinem Reiche, weil er aber nur zwölf goldene Teller hatte, von welchen sie essen sollten, so mußte eine von ihnen daheim bleiben. Das Fest ward mit aller Pracht gefeiert, und als es zu Ende war, beschenkten die weisen Frauen das Kind mit ihren Wundergaben: die eine mit Tugend, die andere mit Schönheit, die dritte mit Reichtum und so mit allem, was auf der Welt zu wünschen ist. Als elfe ihre Sprüche eben getan hatten, trat plötzlich die dreizehnte herein. Sie wollte sich dafür rächen, daß sie nicht eingeladen war, und ohne jemand zu grüßen oder nur anzusehen, rief sie mit lauter Stimme: »die Königstochter soll sich in ihrem funfzehnten Jahr an einer Spindel stechen und tot hinfallen.« Und ohne ein Wort weiter zu sprechen, kehrte sie sich um und verließ den Saal. Alle waren erschrocken, da trat die zwölfte hervor, die ihren Wunsch noch übrig hatte, und weil sie den bösen Spruch nicht aufheben, sondern nur ihn mildern konnte, so sagte sie: »es soll aber kein Tod sein, sondern ein hundertjähriger tiefer Schlaf, in welchen die Königstochter fällt.« Der König, der sein liebes Kind vor dem Unglück gern bewahren wollte, ließ den Befehl ausgehen, daß alle Spindeln im ganzen Königreiche sollten verbrannt werden. An dem Mädchen aber wurden die Gaben der weisen Frauen sämtlich erfüllt; denn es war so schön, sittsam, freundlich und verständig, daß es jedermann, der es ansah, lieb haben mußte. Es geschah, daß an dem Tage, wo es gerade funfzehn Jahr alt ward, der König und die Königin nicht zu Hause waren, und das Mädchen ganz allein im Schloß zurückblieb. Da ging es aller Orten herum, besah Stuben und Kammern, wie es Lust hatte, und kam endlich auch an einen alten Turm. Es stieg die enge Wendeltreppe hinauf und gelangte zu einer kleinen Türe. In dem Schloß steckte ein verrosteter Schlüssel, und als es umdrehte, sprang die Türe auf, und saß da in einem kleinen Stübchen eine alte Frau mit einer Spindel und spann emsig ihren Flachs. »Guten Tag, du altes Mütterchen«, sprach die Königstochter, »was machst du da?« – »Ich spinne«, sagte die Alte und nickte mit dem Kopf. »Was ist das für ein Ding, das so lustig herumspringt?« sprach das Mädchen, nahm die Spindel und wollte auch spinnen. Kaum hatte sie aber die Spindel angerührt, so ging der Zauberspruch in Erfüllung, und sie stach sich damit in den Finger.

In dem Augenblick aber, wo sie den Stich empfand, fiel sie auf das Bett nieder, das da stand, und lag in einem tiefen Schlaf. Und dieser Schlaf verbreitete sich über das ganze Schloß: der König und die Königin, die eben heimgekommen waren und in den Saal getreten waren, fingen an einzuschlafen und der ganze Hofstaat mit ihnen. Da schliefen auch die Pferde im Stall, die Hunde im Hofe, die Tauben auf dem Dache, die Fliegen an der Wand, ja, das Feuer, das auf dem Herde flackerte, ward still und schlief ein, und der Braten hörte auf zu brutzeln, und der Koch, der den Küchenjungen, weil er etwas versehen hatte, in den Haaren ziehen wollte, ließ ihn los und schlief. Und der Wind legte sich, und auf den Bäumen vor dem Schloß regte sich kein Blättchen mehr.

Rings um das Schloß aber begann eine Dornenhecke zu wachsen, die jedes Jahr höher ward und endlich das ganze Schloß umzog und darüber hinaus wuchs, daß gar nichts mehr davon zu sehen war, selbst nicht die Fahne auf dem Dach. Es ging aber die Sage in dem Land von dem schönen schlafenden Dornröschen; denn so ward die Königstochter genannt, also daß von Zeit zu Zeit Königssöhne kamen und durch die Hecke in das Schloß dringen wollten. Es war ihnen aber nicht möglich; denn die Dornen, als hätten sie Hände, hielten fest zusammen, und die Jünglinge blieben darin hängen, konnten sich nicht wieder losmachen und starben eines jämmerlichen Todes. Nach langen langen Jahren kam wieder einmal ein Königssohn in das Land und hörte, wie ein alter Mann von der Dornhecke erzählte, es sollte ein Schloß dahinter stehen, in welchem eine wunderschöne Königstochter, Dornröschen genannt, schon seit hundert Jahren schliefe, und mit ihr schliefe der König und die Königin und der ganze Hofstaat. Er wußte auch von seinem Großvater, daß schon viele Königssöhne gekommen wären und versucht hätten, durch die Dornenhecke zu dringen, aber sie wären darin hängen geblieben und eines traurigen Todes gestorben. Da sprach der Jüngling: »ich fürchte mich nicht, ich will hinaus und das schöne Dornröschen sehen.« Der gute Alte mochte ihm abraten, wie er wollte, er hörte nicht auf seine Worte.

Nun waren aber gerade die hundert Jahre verflossen, und der Tag war gekommen, wo Dornröschen wieder erwachen sollte. Als der Königssohn sich der Dornenhecke näherte, waren es lauter große schöne Blumen, die taten sich von selbst auseinander und ließen ihn unbeschädigt hindurch und hinter ihm taten sie sich wieder als eine Hecke zusammen. Im Schloßhof sah er die Pferde und scheckigen Jagdhunde liegen und schlafen; auf dem Dache saßen die Tauben und hatten das Köpfchen unter den Flügel gesteckt. Und als er ins Haus kam, schliefen die Fliegen an der Wand, der Koch in der Küche hielt noch die Hand, als wollte er den Jungen anpacken, und die Magd saß vor dem schwarzen Huhn, das sollte gerupft werden. Da ging er weiter und sah im Saale den ganzen Hofstaat liegen und schlafen, und oben bei dem Throne lag der König und die Königin. Da ging er noch weiter, und alles war so still, daß er seinen Atem hören konnte, und endlich kam er zu dem Turm und öffnete die Türe zu der kleinen Stube, in welcher Dornröschen schlief. Da lag es und war so schön, daß er die Augen nicht abwenden konnte, und er bückte sich und gab ihm einen Kuß. Wie er es mit dem Kuß berührt hatte, schlug Dornröschen die Augen auf, erwachte und blickte ihn ganz freundlich an. Da gingen sie zusammen herab, und der König erwachte und die Königin und der ganze Hofstaat und sahen einander mit großen Augen an. Und die Pferde im Hof standen auf und rüttelten sich: die Jagdhunde sprangen und wedelten: die Tauben auf dem Dache zogen das Köpfchen unterm Flügel hervor, sahen umher und flogen ins Feld: die Fliegen an den Wänden krochen weiter: das Feuer in der Küche erhob sich, flackerte und kochte das Essen: der Braten fing wieder an zu brutzeln: und der Koch gab dem Jungen eine Ohrfeige, daß er schrie, und die Magd rupfte das Huhn fertig. Und da wurde die Hochzeit des Königssohns mit dem Dornröschen in aller Pracht gefeiert, und sie lebten vergnügt bis an ihr Ende.

Giorgio Bassani
Es war zwecklos

Ich erzählte ihr von meinem Traum, den ich vor einem halben Jahr, in der Nacht vor ihrer Abreise nach Venedig, gehabt hatte. Ich wies auf die Reihen von Glasnippes, von *làttimi*, die im Halbschatten der Regale funkelten, die einzigen Gegenstände hier drinnen, sagte ich ihr, die mir im Traum anders erschienen seien, als sie sich jetzt in der Wirklichkeit zeigten. Ich erklärte ihr, in welcher Gestalt ich sie gesehen hatte, und sie hörte mir ernst und aufmerksam zu, ohne mich je zu unterbrechen.

Als ich mit meiner Erzählung zu Ende gekommen war, streifte sie mit der Hand wie in zarter Liebkosung über meinen Jackettärmel. Da kniete ich vor ihrem Bett nieder, warf die Arme um sie und küßte sie auf den Hals, auf die Augen und den Mund. Und sie ließ mich gewähren, doch ohne mich aus den Augen zu lassen, wobei sie den Kopf immer wieder zur Seite bog und es mir zu verwehren suchte, sie auf den Mund zu küssen.

»Nein – nein«, sagte sie nur immer. »Hör auf! Ich bitte dich, sei so gut... Nein, nein, es kann jemand kommen. Nicht.«

Es war zwecklos. Langsam, erst mit dem einen, dann dem anderen Bein kletterte ich aufs Bett. Nun lag ich mit dem ganzen Gewicht meines Körpers auf ihr. Ich fuhr fort, ihr Gesicht blindlings mit Küssen zu bedecken, doch gelang es mir nur selten, ihren Mund zu treffen, und ebensowenig erreichte ich es, daß sie die Augenlider senkte. Schließlich verbarg ich ihr Gesicht an meinem Hals. Und während sich mein Körper, wie ohne mein Dazutun, konvulsivisch über dem ihren bewegte, der starr wie eine Statue unter der Decke lag, hatte ich plötzlich mit einem mich jäh durchzukkenden, furchtbaren Schmerz das ganz bestimmte Gefühl, daß ich Micòl verlor, sie schon verloren hatte.

Die ersten Worte kamen von ihr.

»Steh auf, ich bitte dich«, hörte ich sie, ganz nah an meinem Ohr, sagen. »So bekomme ich keine Luft.«

Ich war buchstäblich vernichtet. Vom Bett herunterzuklettern schien mir ein Unternehmen, das meine Kräfte überstieg. Aber mir blieb keine andere Wahl.

Ich glitt hinunter und richtete mich auf. Ich machte schwankend ein paar Schritte durch das Zimmer. Schließlich ließ ich mich wieder in den kleinen Sessel neben dem Bett fallen und verbarg das Gesicht in den Händen. Meine Wangen glühten.

»Warum tust du das?« sagte Micòl. »Es ist doch sowieso zwecklos.«

»Wieso zwecklos?« fragte ich und blickte interessiert auf. »Darf man wissen, warum?«

Sie musterte mich, die Andeutung eines Lächelns um den Mund. »Willst du nicht einen Augenblick dort hinübergehen?« fragte sie, auf die Tapetentür zum Bad weisend. »Du bist ganz rot, *knallrot*. Wasch dir das Gesicht.«

»Danke, ja. Vielleicht ist das besser.«

Doris Lessing
Jeder Kuß war eine kleine Haßzeremonie

Martha tanzte abwechselnd mit Binkie, der der Meinung schien, mehr als ein Tanz mit Perry sei gefährlich, mit Perry, mit Donovan. Aber es war egal, mit wem sie tanzte; alles war unpersönlich: Man schwebte wie in Trance von einem Mann zum nächsten, man tanzte Wange an Wange, innig,

Leib an Leib, und dann brach die Musik ab, man trank wieder etwas, plauderte ein bißchen und stürzte sich zurück in die glühende, bunte Dunkelheit des Tanzsaals, während die Musik hämmerte. Dreimal wurde Martha von dem einen oder anderen Wolf auf die Veranda geschleppt (nachher mußte sie sich darauf besinnen, wer sie gewesen waren) und geküßt; und immer auf dieselbe Weise. Abrupt, ohne jede Einleitung wurde sie starr an einen harten Körper gepreßt, dessen untere Hälfte sich aggressiv, zugleich aber auch demütig an den ihren drängte; und ihr Kopf wurde zurückgebeugt unter einem bohrenden, zähneentblößenden Kuß. Danach schnaufte er schwer wie ein Läufer und seufzte und sagte: »Ich bin schrecklich, he? Verzeih mir, Baby, du mußt mir verzeihen.« Und der Geist des Hauses zwang Martha, gnädig zu erwidern: »Ist schon gut, Perry«, oder Douggie oder Binkie, »ist schon gut, mach dir nichts draus.« Sie hätte sagen sollen: »Mach dir nichts draus, Kind«; aber dieses Wort kam ihr nicht über die Zunge. Sie hätte beinahe gelacht; zugleich fand sie es widerlich, daß sie so demütig und reuevoll wurden, obwohl in diesen demütigen Augen ein so aggressives Leuchten war. Jeder Kuß war eine kleine Haßzeremonie, und beim vierten Mal, als irgendein anonymer Jüngling sie zwanghaft auf die Veranda zu schleppen begann, weigerte sie sich und sah seinen unheildrohenden Blick.

»Toffee-nosed, was?« fragte er. Und später, bei Tisch, zeigte er Martha den anderen und sagte: »Das Baby da ist toffee-nosed, sie ist...« Und er tat so, als ob er zitterte, einen Mantel fest um sich zöge und mit den Zähnen klapperte.

Donovan rief plötzlich: »Matty, Schatz, wie geht's dir denn?« und erst als sie gesehen hatte, wie ein paar der jungen Männer Donovan Grimassen schnitten, begriff sie, daß Donovan sie den ganzen Abend beobachtet hatte, daß das Werben dieser jungen Männer um sie aus irgendeinem

Grund eine Herausforderung für Donovan darstellte. Sie sah auch, daß er sich freute, weil sie nicht gut angekommen war. Sie saß still am Ende des Tisches, war verletzt und verwirrt; ihr Selbstbild war zerstört. Jene andere verschleierte Gestalt, die eingekerkert in jeder Frau darauf wartet, durch die Liebe erlöst zu werden, diese Person, von der sie (hartnäckig und wider alle Erfahrung) glaubt, daß sie das ist, was wahr und beständig an ihr ist, zitterte vor Unsicherheit. Sie haßte Donovan mit tiefer, kühler Verachtung, sie blickte die jungen Männer an und verachtete sie leidenschaftlich.

Als Perry zum zweiten Mal mit ihr zum großen Saal hinaus und durch die tanzenden Paare auf der Veranda zur Treppe tanzte, folgte sie ihm gefügig. »Es ist aber matschig«, sagte sie nervös lachend und schaute auf die Spielfelder, die getränkt waren von Wasser und Mondlicht.

»Macht nichts«, erwiderte Perry. »Macht nichts, Baby.« Er zerrte sie am Arm, und als sie ihm nicht folgte, hob er sie hoch und trug sie hinunter. Sie konnte seine Füße durch den dicken Schlamm platschen hören. Er trug sie um die Hausecke und küßte sie, ohne sie abzusetzen.

Im Leeren schwebend, getragen von starken Armen – das war doch etwas anderes.

Theodor Fontane
Aber sie entwand sich ihm

In dieser Richtung gingen von Stund an Hugos Gedanken, und als er eine Woche vor Weihnachten wieder in sein eignes Zimmer hinüberquartiert wurde, was der alten Möhring, die nicht über den Tag hinaus zu rechnen verstand, eine gewisse Genugtuung verursachte, stand es bei Hugo fest, daß Thilde die Frau sei, die für ihn passe. So gewiß er sich für einen ästhetisch fühlenden und mit einer latenten Dichterkraft ausgerüsteten Menschen hielt, so war er im Leben selbst doch von großer Bescheidenheit, beinah demütig, und hatte kein rechtes Vertraun zu seinem Wissen und Können. »Ich bin ein unnützer Brotesser«, hatte er zu Rybinski gesagt, der ihn lachend mit der Versicherung getröstet hatte, »dann gerade schmeckt es am besten«, was Hugo mit einer gewissen Wehmut akzeptiert hatte. Seine Beurteilung seiner selbst war richtig, und weil sie richtig war, war auch das richtig, daß Thilde für ihn passe. Sie hatte gerade das, was ihm fehlte, war quick, findig, praktisch. Er wollte sich noch vor Weihnachten ihres Jaworts versichern. Daß ihm dieses Ja nicht versagt werden würde, davon hielt er sich überzeugt, denn schließlich war er doch immer ein Burgemeisterssohn mit Vollbart, während Thilde, soviel sah er wohl, auf Geburtsstolz verzichten mußte. »Fräulein Thilde«, sagte er, als sie gleich am ersten Abend seiner Wiederumquartierung ihm den Tee brachte mit geschnittenem Schinken, »Fräulein Thilde, Sie sind sich immer gleich in Ihrer Güte gegen mich, und weil Sie glauben, es würde mir alles noch schwer, so haben Sie auch den Schinken schon geschnitten. Sie haben mich gepflegt und verwöhnt und haben mir all die Wochen über erst gezeigt, wie glücklich man im Leben sein kann. Eine liebevolle Hand ist das, was man im Leben am meisten braucht. Aber setzen Sie das Teezeug erst hin... Und nun geben Sie mir Ihre liebe kleine Hand, denn es ist eine kleine Hand, und treten Sie mit mir ans Fenster und sehen Sie mit mir auf das Bild da, das Gewölk, das am Monde vorüberzieht und sich wieder aufhellt im Vorüberziehn. Es ließe sich vielleicht ausdeuten, aber auch ohne das, ich frage Sie, ob ich Ihre kleine Hand, denn es ist eine kleine Hand, auch noch weiter halten darf, lange noch, ein Leben lang.«

Sie gab nicht unmittelbar Antwort und beschäftigte sich

vielmehr damit, das Rouleau herunterzulassen. Dann nahm sie seinen Arm, führte ihn vom Fenster her bis an das hochlehnige Sofa zurück und sagte, während sie sich, mit aufgestemmten Händen und das Teezeug zwischen ihnen, auf die andre Seite des Tisches stellte: »Sie sind noch so angegriffen. Ich höre es an Ihrer Stimme, darin noch die Krankheit zittert, und daß Sie gerade den Mond in unser Gespräch gezogen haben. Ach, Herr Großmann, der Mond ist nichts für Sie; Sie brauchen Sonne... Das gibt mehr Kraft.«

»Das mag schon sein. Aber das ist keine Antwort, Fräulein Thilde. Sie sollen mir ja oder nein sagen.«

»Nun denn ja, trotzdem es noch lange dauern wird, eine lange Verlobung.«

»Auf dem alten Wege, ja. Aber es gibt auch neue Wege.«

»Rybinski-Wege?«

Hugo schwieg, weil sie seine Gedanken erraten hatte. »Nein, Hugo, nichts davon. Dann nehme ich mein Ja zurück. Ich will nicht in der Welt herumziehn und dir die Königsmäntel anziehn. Ich bin fürs Ernste, für hergebrachte Formen und auch für Religion. Und wenn es noch dazu kommt, so komm mir nicht mit Standesamt. Alles, mein ich, muß seinen Schick haben. Ich rechne darauf, daß du mir durch Arbeit den Beweis deiner Liebe gibst. Erst das Examen. Das andre findet sich. Da will ich schon sorgen. Aber nu komm, daß wir's Muttern sagen. Oder nein, heute lieber nicht; du bist noch nicht fest auf den Füßen. Ich werd es ihr selber sagen, heut abend im Bett. Und morgen früh kommst du dann. Ob sie sich freut, weiß ich nicht. Aber ja wird sie schon sagen.«

Sie stellte die kleine Teekanne vor ihn hin und was sonst noch auf dem Teebrett stand. Als sie alles geordnet und die Decke gradegezupft hatte, nahm sie das Tablett unter den linken Arm und gab ihm einen Kuß auf die Stirn.

Er wollte sie, vielleicht in unklarer Vorstellung von Bräutigamsrecht und -pflicht, festhalten und einen Sturm auf ihre schmalen Lippen versuchen.

Aber sie entwand sich ihm. An der Tür legte sie den Zeigefinger an die Lippen und grüßte zurück.

»Alles an ihr ist so mädchenhaft«, sagte Hugo.

Friedrich Schlegel
An Selinde

1

Als das Köpfchen an mir ruhte,
Konnt' ich nicht ein Wörtchen sagen;
Konnte glühend von Verlangen,
Keine Liebkosung doch wagen.
Sieh so glühend muß ich lieben,
Und du fühlst nicht meine Klagen!

2

Sirene, du Sirene,
O wie süß kannst du loben!
Da ward ich ganz entzündet,
Fern die Klugheit geflohen.
Es war, als ob du liebtest,
Das hat mich so betrogen:
»Die Süße will dich lieben«,
Dacht' ich in Lust erhoben.
Sirene, o Sirene,
Welch Netz hast du gewoben!

3

Laß frei die Flammen, die mich quälend drücken,
Sei einmal noch wie sonst ein liebend Weib!
Komm an das Herz, das frei von allen Tücken,
Gib hin der Lust den jugendlichen Leib,
Und laß die zarten Glieder mich umschlingen;
Wie sollt' ich sonst das volle Herz bezwingen?

4

Zwar du littest meine Küsse,
Doch erwidertest kaum einen,
Flammen schwebten auf den Lippen,
Und berührten schon die deinen;
Doch getäuscht floh'n sie zurücke
Und verzehrten sich alleine.
Böses Kind, um diese Kälte
Könnt' ich wie ein Kind fast weinen.

Sie hat sich mein erbarmet

Achim von Arnim
Sie gab, was mich verarmet

Sie gab, was mich verarmet,
Mir scheidend ihren Mund,
Sie hat sich mein erbarmet,
Ach Gott, wem tu' ich's kund!
Ich kann's in mir lassen,
Es sprenget mei ne Brust,
Es kann's die Welt nicht fassen,
Was mir allein bewußt.

Wie mir der Abend rötet,
Noch niemand wissen muß;
Ach hätt' sie mich getötet
Im ersten, ersten Kuß!
Von Schmerzen konnt' ich ruhen,
Im Jubel vieles tun,
In schweren Reiseschuhen
Tanz' ich so törigt nun!

Elizabeth von Arnim
Sie fühlte sich verschlungen

Zögernd, hin- und hergerissen, stand sie da, auf dem Sprung zu fliehen. Ihre Hand lag schon auf dem Türgriff, so schnell wollte sie fort. Aber hier erwies sich, daß Herrn Dremmels Einfalt ihm weit mehr zu Hilfe kam als seine schlauesten Pläne. Er vergaß die Damen, trat auf Ingeborg zu, nahm ihre Hand in seine und küßte Ingeborg ganz einfach auf die Stirn, womit er sie hier und jetzt mit der völligen

Ungeniertheit seiner Landsmänner, wenn sie einer Dame vorschriftsmäßig den Hof machen, zu seiner Verlobten erklärte. Dann schob er ihr den Ring, den er am kleinen Finger trug, über den Daumen, denn nur an den paßte er ihr, wie Herr Dremmel nach kurzem Ausprobieren feststellte. Nun, was Finger betraf, hatte er keinerlei Vorurteile, und damit war die Angelegenheit, so nahm er zumindest an, erledigt.

In ihrer Bestürzung ließ Ingeborg alles mit sich geschehen. Da stand sie nun und war verlobt, und ihre Gedanken hüpften so wild durcheinander, daß sie sich völlig verknäulten. Sie staunte über die Tricks, auf die das Leben verfiel. Eine Torte und die Augen von sieben Frauen! Über ihre ganze Zukunft entschieden sie, die Torte und diese Augen. O nein, das konnte nicht sein. Halt, halt, wollte sie schreien, aber das konnte sie im Augenblick nicht. Unmöglich, völlig ausgeschlossen, dem Ganzen jetzt Einhalt zu gebieten. Nicht im Traume hätte sie sich vorgestellt, Herrn Dremmel nicht allein vorzufinden. All diese Frauen waren Zeugen. Vor ihrer aller Augen hatte er sie geküßt. Er hatte wirklich eine überwältigende Art. Wenn ihr Vater sie jetzt sehen könnte! Nun, der Kuß war ein sehr zeremonieller gewesen und hatte sich recht kühl angefühlt, einer von der Sorte, den selbst ein Bischof sich berechtigt fühlen würde, auf die Stirn eines Kranken oder kleinen Kindes zu drücken. Später, zu einem günstigeren Zeitpunkt, wenn die vermaledeite Torte aus dem Blick und diese Frauenversammlung außer Hörweite war, würde sie ihm sagen, daß sie nicht vorgehabt hätte...

Mitten in ihrer Verwirrung sah sie sich im nächsten Moment mit Herrn Dremmel auf die Torte zugehen und Hand in Hand mit ihm davorstehen. Oh, in welchen *Schlamassel* Leute doch gerieten, die nach London zu Zahnärzten fuhren! Sie verstand jetzt, wofür die Zahnärzte in der Provinz gut waren: Sie sorgten dafür, daß der Schmerz nicht nachließ und man in keine Schwierigkeiten geriet. Zum ersten

Mal sah sie ein, was sie sich bisher mit ganzer Seele anzuerkennen geweigert hatte, wie recht nämlich der Bischof mit seinem oft zitierten Ausspruch hatte, Schmerz sei ein notwendiger Bestandteil im Weltenlauf. Wie wahr! Solange man Schmerzen hatte, war man in Sicherheit. In diesem Zustand konnte einen selbst die süßeste Versuchung höchstens dazu verlocken, matt hinzublicken und sich dann angewidert abzuwenden. Man blieb zu Hause und war dankbar für jede Freundlichkeit. Nur wenn einem nichts fehlte, verfiel man darauf, seine Lieben zu verlassen, sich nach Luzern zu begeben und einen wildfremden Mann zu ermuntern, denn das mußte sie ja fraglos getan haben, einem die Ehe zu versprechen.

Jemand hüstelte so dicht hinter ihr, daß sie zusammenzuckte. Erschreckt drehte sie sich um, ihre Hand immer noch in Herrn Dremmels, und erblickte die sieben Damen, die sich um sie drängten und, wie um das Maß vollzumachen, wie eine Brautjungfernschar aussahen.

Während Ingeborg zu der Torte geführt wurde, hatten die Damen sich mit Flüsterstimme hastig beraten, ob sie ihr nicht doch lieber gratulieren sollten. Die würdevolle Förmlichkeit, mit der Herr Dremmel seine Verlobung durchführte, rührte ihnen ans Herz. Das Ganze hatte den feierlichen Ernst einer Hochzeit, und welche Frau kann bei einer Hochzeit schon ungerührt zusehen? Flüsternd waren sie übereingekommen, daß dies einer der Momente sei, das Vergangene ruhen zu lassen. Gewiß, die beiden vor dem Altar – sie meinten vor der Torte – hatten viele schreckliche und vulgäre Dinge gesagt und sich in einer Weise benommen, die sich für keinen Gentleman und keine Dame gehörte – wenn sie bloß daran dachten, wie diese Miss Bullivant offen zugegeben hatte, daß sie von zu Hause fortgerannt war; aber ihr jetziges Tun zumindest war über jeden Zweifel erhaben, und wenn zwei schwarze Schafe sich vereinten, ergab das, auch wenn so viele Menschen es bestritten, ein weißes. Jedenfalls zeugte es von Großmut, das zu hoffen.

Sie räusperten sich und wünschten Ingeborg alles Gute.

»Danke«, hauchte Ingeborg und sah eine nach der anderen an, »wie freundlich von Ihnen – aber...«

Dann reichten die Damen Herrn Dremmel die Hand und sprachen auch ihm ihre herzlichen Glückwünsche aus, worauf er ihnen mit Anstand und Verbeugungen dankte.

»So etwas hat es bisher noch nie auf einer Dent's Tour gegeben – nein, noch nie, da bin ich mir sicher«, sagte die älteste der Damen verlegen und nickte dabei heftig mit dem Kopf.

»Dazu ist die Zeit ja viel zu kurz«, seufzte die junge Dame, die ihren Begleiter am vorherigen Abend zum Sonnenuntergang gedrängt hatte. »Was ist schon eine Woche?« Dann runzelte sie die Stirn und blickte wehmütig zu der Torte hin.

»Aber eine Beerdigung hat's schon mal gegeben«, sagte eine gedrungene, kleine Dame, die die Hände in den Taschen ihrer grauen Strickjacke vergraben hatte.

»Ich bitte Sie, Miss Jewks, also wirklich...«, protestierte die ältere Dame. »Über so etwas spricht man doch nicht...«

»Na, es war ja nicht die Schuld von Dent's, Miss Andrews. Denen kam es *bestimmt* nicht gelegen! Es handelte sich um einen Gentleman aus Gipsy Hill...«

»Ach, welche hübsche – ehhm – Torte«, fiel die ältere Dame hastig ein.

»Wirklich sonderbar, wenn man's bedenkt«, fuhr Miss Jewks fort, »da will einer in die Ferien fahren und statt dessen stirbt er.«

»Ach, und die hübschen Silberblätter...«, sagte die ältere Dame und erhob ihre Stimme, »also, so was nenne ich geschmackvoll.«

»Wie auf einer Hochzeitstorte, nicht wahr?« meinte die junge Dame vom Sonnenuntergang, die ganz nah heranging und sich die Torte genau besah.

»Nun, Ingeborg«, sagte jetzt Herr Dremmel und nannte sie zum ersten Mal beim Vornamen, »willst du die Torte denn nicht anschneiden? Ich hoffe doch, die Damen geben uns die Ehre, sie zu kosten.«

Sie erkannte ihn nicht wieder. Von Minute zu Minute wurde er förmlicher! Jede Spur seiner sonstigen Unbekümmertheit und ungezwungenen Redeweise war verflogen. Er war so steif und korrekt und ernst, als würde er einen Grundstein legen oder ein Museum einweihen. Ingeborg konnte natürlich nicht wissen, daß alle Deutschen dazu erzogen wurden, bei öffentlichen Anlässen ein solches Gehabe an den Tag zu legen.

»Oh, danke...«

»Wirklich sehr freundlich...«

»Oh, vielen Dank, ganz gewiß...«

Ein Gemurmel verlegener und unbeholfener Dankesworte hob an. Die sieben Damen waren sich keineswegs sicher, ob sie in ihrer Freundlichkeit bis zu dieser Torte dort gehen sollten. Ein Impuls, der ihrer Weiblichkeit alle Ehre machte, hatte sie bewogen, ihre Gratulationen auszusprechen, aber deswegen hatten sie noch lange nicht die schrecklichen Dinge vergessen, die sie sich die ganze Zeit von dem Paar hatten anhören müssen, und auch nicht die vielen eindeutigen Beweise dafür, daß die beiden nicht das waren, was man in einer Dent's Reisegesellschaft unter vornehmen Leuten verstand; und obwohl alle Damen gern Torten aßen und mit jedem Tag, den die Dent's Tour sich ihrem Ende näherte, hungriger wurden, hatten sie doch ihre Zweifel, ob es, gesellschaftlich gesehen, weise war, davon zu kosten. Wie unangenehm, könnten sich die beiden dadurch später zu Vertraulichkeiten ermutigt fühlen und die gegessene Torte als Waffe benutzen, sich in ihre Kreise einzuschleichen – mit einem Wort, nach der Rückkehr nach England auf die Idee verfallen, Besuche abstatten zu wollen.

So nahmen sie nur widerwillig die Tortenstücke entgegen, die Ingeborg, wie in einer Art Traum, abschnitt und ihnen reichte. Und mit noch größerem Widerwillen nippten sie an dem Wein, den der deutsche Herr sie aufgefordert hatte, auf das Wohl des frisch verlobten Paars zu trinken.

»Aber ...«, sagte Ingeborg, die sogar jetzt noch, kurz vor zwölf, den Versuch unternahm, zu protestieren.

»Ich weiß. Es sind nicht genug Gläser da. Ich klingele dem Portier, noch welche zu bringen«, waren die Worte, mit denen Herr Dremmel den Satz für sie beendete.

Einfach unglaublich, diese zeremonielle Zuvorkommenheit von ihm. Ingeborg war wie betäubt.

Und als die Gläser gebracht wurden, ging die Zeremonie weiter – der Reihe nach klirrte Herr Dremmels Glas an jedes der Damen, während er, die Hacken wie in seinen Soldatentagen zusammengeschlagen, mit stocksteifer Haltung und sein Gesicht ein Wunder an Feierlichkeit dastand. Und ehe man trank, hielt er, den Asti hoch erhoben, eine Rede, in der er den Damen für ihre Glückwünsche dankte, auch im Namen seiner Verlobten, Miss Ingeborg Bullivant, bei deren Tugenden er in aller Ausführlichkeit verweilte – ja, immer wieder von vorn stimmte er deren Lobgesang an, so daß er bald wie ein Echo durch den Raum hallte –, ehe er dazu schritt, den Anwesenden seine feste Entschlossenheit zu versichern, seiner Verlobten von nun an sein ganzes Leben hinzugeben, um ihr seine tiefe Dankbarkeit dafür zu zeigen, daß sie sich ihm so offenherzig und vor allen Anwesenden anvertraut habe; für Ingeborg war jeder Satz wie eine weitere und gewichtigere Besiegelung ihrer Bestimmung, ihn zu heiraten.

Dunkel begann sie zu ahnen, welch stählerne Umklammerung eine deutsche Verlobung sein konnte. Sie fragte sich, ob auf ihrer Stirn überhaupt noch Platz für weitere Siegel war, denn sie hatte das Gefühl, dort prangten lauter große, rote Kreise, in denen geschrieben stand:

HERRN DREMMELS EIGENTUM

Aber schließlich war sie kein Paket, das sich von der erstbesten Person, die es herumliegen sah, aufheben und forttragen ließ; und auch wenn zweifellos mittlerweile aller Anschein gegen sie sprach, sowie sie mit ihm allein wäre, würde sie ihm, *mußte* sie ihm erzählen, daß sie in Wirklichkeit in den kleinen Salon gekommen war, um ihn abzuweisen. Sowie diese Frauen fort waren, wollte sie es ihm sagen, so freundlich wie möglich, aber doch deutlich und bestimmt.

Mit Schrecken sah sie dann, daß die Frauen sich wirklich zum Gehen anschickten und daß nun der Zeitpunkt gekommen war. Ingeborg wollte sie zurückhalten, wollte um jeden Preis, daß sie blieben. Sie machte sogar Anstalten, ihnen hinterherzulaufen, als die letzte der Damen, die bis zum Schluß unentwegt vor sich hin genickt hatte, durch die Tür verschwand, aber Herr Dremmel hielt sie immer noch an der Hand.

Als die Tür schließlich ins Schloß fiel, drehte Ingeborg sich schnell zu ihm um, warf den Kopf zurück und nahm allen Mut zusammen, den sie besaß.

»Aber Sie wissen doch…«, begann sie, entschlossen reinen Tisch zu machen, gleich wie schmerzlich es für sie beide sein mochte.

Und wieder beendete er prompt den Satz für sie, diesmal, indem er sie in die Arme nahm und sie mit einer Ausdauer und Ausführlichkeit küßte, die kein Bischof, schoß ihr durch den Kopf, während ihr Körper vor Überraschung und Entsetzen ganz steif wurde, gutheißen würde.

Sie fühlte sich verschlungen.

Sie hatte das Gefühl, es wäre schon nichts mehr da von ihr.

Er fühlte sich unendlich breit und weich an.

»Oh, aber ich kann nicht... ich will nicht... lassen Sie mich... halt... alles ist ein Irrtum...«, stieß sie keuchend hervor.

»Meine kleine Frau«, war die ganze Notiz, die Herr Dremmel davon nahm.

Eduard von Keyserling
Ein schicksalsvoller Mund

Unten am Strande ließ Hilmar unermüdlich Kieselsteine über das Wasser springen. Lolo stand dabei und schaute ihm mit ernsten, blanken Augen zu. Als er endlich müde war, nahm er Lolos Arm, und sie schlenderten langsam das Meeresufer entlang.

»So«, sagte Hilmar, »jetzt verstehe ich das Meer. Es ist heute übrigens mit seinem Mondschein und allem dem sehr programmäßig, und du, Schatz, bist erst recht programmäßig.«

»Schade«, meinte Lolo, »ein Programm ist nie was Überraschendes.« Hilmar lachte: »Willst du mich überraschen? Wozu? Nein, unsere Bräute sollen nicht Überraschungen sein, sondern hübsche Notwendigkeiten.«

Als sie an den Fischerhäusern vorübergingen, begann auch Lolo von Doralice zu sprechen, erzählte ihr Abenteuer, erzählte von dem Kuß und den roten Rosen. »Ach, die durchgebrannte kleine Gräfin ist hier«, sagte Hilmar, »nun, es ist gut, daß sie dich gerettet hat, aber sag', warum sprichst du von ihr mit einer so gerührten Stimme, als sei sie etwas

Heiliges? Durchgebrannte Gräfinnen sind doch wohl nichts besonders Heiliges.«

»Weil sie mich rührt«, entgegnete Lolo erregt. »Ich weiß selbst nicht warum. Vielleicht weil sie so schön und doch nicht gut ist. Vielleicht aber, wenn jemand so schön ist, muß man ihn lieben, aber sie tut etwas weh, diese Liebe. Ich glaube, wenn einer sich in die Gräfin verliebt, dann muß es schmerzen.«

»Nun, nun«, beruhigte Hilmar sie, »wird es denn so arg sein mit dieser Schönheit?«

»So zum Beispiel«, fuhr Lolo fort, »mich zu lieben ist da nichts, gar nichts Schmerzhaftes dabei, sag?«

»Nein, gar nichts«, versicherte Hilmar, »im Gegenteil, wenn man dich liebt, fühlt man sich riesig gut, riesig vornehm. Ich merke das jedesmal, ich werde da fast verlegen vor mir selber. Als Kind wurde mir am Sonntage ein blauer Sammetkittel angezogen, ein weißer Spitzenkragen umgelegt und das Haar wurde mit einer Pomade glatt gestrichen, die stark nach Orangenblüten duftete. Und wenn ich so angezogen war, fühlte ich mich so fein, so vornehm, daß ich mich vor Andacht vor mir selber kaum zu rühren wagte.«

»Und ich«, rief Lolo enttäuscht, »ich bin für dich wie der blaue Sammetkittel und die Orangenblütenpomade.«

»Und der Sonntag«, ergänzte Hilmar, »ja, so ähnlich. Aber wer kommt denn dort!«

»Das ist sie«, flüsterte Lolo.

Ihnen entgegen kamen Hans und Doralice. Als sie aneinander vorübergingen, nickte Doralice lächelnd Lolo zu, die beiden Herren grüßten förmlich. »Nun?« fragte Lolo, sobald sie vorüber waren.

»Gewiß, allerdings«, sagte Hilmar, »ein schönes Kindergesicht mit einem merkwürdig schicksalsvollen Munde.«

Lolo schwieg eine Weile, dann wiederholte sie sinnend: »Ein schicksalsvoller Mund, das hast du gut gesagt, ich suche lange schon einen Ausdruck für diesen Mund. Es muß seltsam sein, einen schicksalsvollen Mund zu haben, ich kann mir das denken, ja ich fühle das jetzt so deutlich, so stark, daß ich überzeugt bin, ich habe in diesem Augenblicke auch einen schicksalsvollen Mund. Küsse mich jetzt und du wirst sehen.« Sie blieb stehen und hielt ihr ernstes, vom Monde hellbeschienenes Gesicht hin, und als Hilmar sie geküßt hatte, fragte sie gespannt: »Nun?«

Hilmar schüttelte den Kopf: »Von Schicksal keine Spur. Mehr ein friedlicher Pfingstsonntag auf dem Lande.« Lolo zuckte die Achseln und seufzte. »Nein, warte«, fuhr Hilmar fort, »es ist doch anders; dich hier vor dem Meere zu küssen, kommt mir wie eine kolossale Frechheit vor. Es ist so, als sähen alle fünf Weltteile uns zu, das ist ein eigentümliches Gefühl.« »Nein, das will ich nicht«, rief Lolo und machte sich von ihm los.

Franz Hohler
Ein verheirateter Mann

I Ein verheirateter Mann gab einer Schauspielerin, mit der er an den Rheinfall gefahren war, als er mit dem Auto wartete, bis er in die Hauptstraße einbiegen konnte, einen Kuß. Dabei geriet sein Wagen ins Rollen und kam direkt vor einen Lastwagen, der nicht mehr bremsen konnte. Der Mann und die Schauspielerin waren sofort tot.

II Ein verheirateter Mann gab einer Schauspielerin, mit der er an den Rheinfall gefahren war, als er mit dem Auto wartete, bis er in die Hauptstraße einbiegen konnte, einen Kuß. Dabei geriet sein Wagen ins Rollen, streifte den Anhänger eines vorbeifahrenden Lastwagens, wurde auf die gegnerische Fahrbahn geworfen, wo ein korrekt entgegenkommender Lieferwagen die Kollision nicht mehr vermeiden konnte. Der Mann kam mit einigen Rippenbrüchen und einer Gehirnerschütterung davon. Die Schauspielerin jedoch wurde durch den Unfall querschnittgelähmt und mußte fortan durch diesen Mann unterhalten werden, da sowohl er als auch sie nur ungenügend versichert waren. Dies fiel dem Mann um so schwerer, als er die Schauspielerin erst am Tage des Unfalls kennengelernt hatte und von einer Beziehung zwischen ihm und ihr keine Rede sein konnte, was aber wiederum auf seine Frau und die Gesellschaft sehr unglaubwürdig wirkte. Die Beziehung zur Schauspielerin entstand erst jetzt, nach und nach, und der Mann hatte keine Freude an dieser Beziehung, denn die Schauspielerin war dumm und geschwätzig und hatte nun sehr viel Zeit, und die Besuche belasteten sein Familienleben, und auch die Versuche, sie in die Familie zu integrieren, endeten peinlich und mühsam, weder seine Frau noch seine Kinder mochten die Schauspielerin und waren nur höflich zu ihr. Der Mann verfluchte den Tag, an dem er, einer Laune folgend, mit der Schauspielerin an den Rheinfall gefahren war, aber es nützte ihm nichts.

III Ein verheirateter Mann gab einer Schauspielerin, mit der er an den Rheinfall gefahren war, als er mit dem Auto wartete, bis er in die Hauptstraße einbiegen konnte, einen Kuß. Dabei geriet sein Wagen ins Rollen, und er konnte gerade noch rechtzeitig bremsen, bevor der Lastwagen an ihm vorbeifuhr.

Das hätte schiefgehen können, dachte er.

Die Schauspielerin traf er später nie mehr.

Alessandro Baricco
Dann nahm sie die Tasse von den Lippen

Frankreich, die Schiffsreisen, der Duft der Maulbeerbäume von Lavilledieu, die Dampflokomotiven, die Stimme von Hélène. Hervé Joncour fuhr fort, sein Leben zu erzählen, wie er es noch nie in seinem Leben getan hatte. Das Mädchen fuhr fort, ihn mit einer Intensität anzuschauen, die jedem seiner Worte die Pflicht abverlangte, denkwürdig zu klingen. Der Raum schien mittlerweile in eine unwiderrufliche Reglosigkeit geglitten zu sein, als sie plötzlich und vollkommen lautlos eine Hand aus ihrem Kleid hervorschob und sie vor sich über die Bastmatte gleiten ließ. Hervé Joncour sah, wie dieser blasse Fleck an den Rand seines Blickfelds gelangte, sah, wie er Hara Keis Teetasse streifte, wie er dann absurderweise weiterglitt, bis er kurz entschlossen die andere Tasse umfing, die unvermeidlich die Tasse war, aus der *er* getrunken hatte, wie er sie dann sacht aufhob und mit sich fort nahm. Hara Kei hatte seine ausdruckslosen Augen nicht einen Moment von Hervé Joncours Lippen gelöst.

Das Mädchen hob sanft den Kopf.

Zum ersten Mal wandte sie ihren Blick von Hervé Joncour und richtete ihn auf die Tasse.

Sie drehte sie langsam, bis ihre Lippen genau die Stelle erreichten, von der er getrunken hatte.

Sie schloß die Augen und trank einen Schluck Tee.

Dann nahm sie die Tasse von den Lippen.

Sie ließ sie dorthin zurückgleiten, wo sie sie aufgenommen hatte.

Ihre Hand verschwand unter dem Kleid.

Sie legte ihren Kopf zurück in Hara Keis Schoß. Die Augen offen und fest auf die von Hervé Joncour gerichtet.

Alberto Moravia
Jedenfalls waren Cecilias Küsse träge

Seit jenem Tag kam Cecilia zu mir: erst ein paarmal in der Woche, dann jeden zweiten Tag und schließlich, als wir uns schon einen Monat kannten, jeden Tag. Cecilias Besuche fanden immer zur selben Zeit statt und verliefen stets auf dieselbe Weise, so daß die Beschreibung eines Besuches auch für alle anderen gilt. Cecilia kündigte ihr Kommen durch einmaliges Klingeln an, so kurz, daß ich oft zweifelte, es wirklich gehört zu haben. Aber gerade diese Ungewißheit bestätigte mir, daß sie es war. Ich ging öffnen, Cecilia warf mir die Arme um den Hals, und wir küßten uns. An diesem Punkte muß ich sagen, daß Cecilia, so erfahren sie war, nicht zu küssen verstand. Der Kuß ist doch wohl ein sozusagen symbolischer Kontakt, in dem der Genuß letztlich mehr psychologischer als sinnlicher Art ist; und Psychologie war, wie man sehen wird, nicht gerade Cecilias starke Seite. Oder einfacher: Cecilia vermochte nicht, mich richtig zu küssen, weil unsere Beziehung nicht so war, daß sie in einem Kuß ihren Ausdruck finden konnte. Jedenfalls waren Cecilias Küsse träge, kühl und formlos wie die eines Kindes, das rasch im Wind gelaufen ist und nun eilends seinen Vater küßt. Andererseits enthüllte sich beim Küssen Cecilias Doppelnatur, die zugleich kindlich und frauenhaft war. Während sie mir nämlich ohne rechte Hingabe ihren Mund bot, der sich dem meinen nicht öffnete, fühlte ich zugleich, wie ihr Körper sich gegen den meinen wölbte und wie sie mir mit ihrem Leib einen spürbaren, trockenen Stoß versetzte, in dem sich die fordernde Natur ihrer Liebe kundgab. Dieser erste Kuß war nur ganz kurz, denn ich empfand dabei kein Vergnügen und brach ihn sogleich ab. Dann machte sich Cecilia aus meinen Armen frei, legte Handtasche und Handschuhe auf den Tisch, trat ans Fenster, zog die Vorhänge zu und entkleidete sich – stets auf dieselbe Art und an derselben Stelle, nämlich zwischen dem Diwan und einem Sessel, auf den sie ihre Kleider legte.

Ludwig Uhland
Seliger Tod

Gestorben war ich
Vor Liebeswonne:
Begraben lag ich
In ihren Armen;
Erwecket ward ich
Von ihren Küssen;
Den Himmel sah ich
In ihren Augen.

Du umgekehrter Märchenprinz, du

Angela Hoffmann
du umgekehrter märchenprinz du

du bist dornröschen
und willst nicht erwachen
ich küsse und küsse dich
mit allen zungenworten
küsse und küsse ich dich
du aber läßt die rosen
um dein bett ranken
in deine haut hinein
wurzeln als ob nichts wär
du öffnest die lippen du
bietest mir den schmusemund du
spielst mit mir fangen – immer
entwischst du mir knapp unter
der hand weg springst du
ins rosengehölz – ich aber
küsse und küsse dich ich
presse mein herz an deines
ich lege dich furchtlos
in mich hinein du dornendorn
röschen mein schlafender
geliebter die nacht ist vorbei
laß mich die rosen fort
küssen die aus seidenpapier
laß mich mit dem drachen kämpfen
binde dein traumtuch um meine
lanze ich ziehe ins feld hinaus
ich nehme es mit der letzten
windmühle auf ich leg dich
furchtlos in mich hinein du
dornendornröschen mein schlafender

geliebter du umgekehrter märchen
prinz du ich küsse und küsse dich
mit allen zungenworten küsse und
küsse ich dich doch wach

Wilhelm Busch
Die beiden Schwestern

Es waren mal zwei Schwestern,
Ich weiß es noch wie gestern.
Die eine namens Adelheid
War faul und voller Eitelkeit.
Die andre, die hieß Kätchen
Und war ein gutes Mädchen,
Sie quält sich ab von früh bis spät,
Wenn Adelheid spazierengeht.
Die Adelheid trank roten Wein,
Dem Kätchen schenkt sie Wasser ein.

Einst war dem Kätchen anbefohlen
Im Walde dürres Holz zu holen.

Da saß an einem Wasser
Ein Frosch, ein grüner, nasser;
Der quakte ganz unsäglich
Gottsjämmerlich und kläglich:
»Erbarme dich, erbarme dich,
Ach, küsse und umarme mich!«

Das Kätchen denkt: Ich will's nur tun,
Sonst kann der arme Frosch nicht ruhn!

Der erste Kuß schmeckt recht abscheulich.
Der gräsiggrüne Frosch wird bläulich.

Der zweite schmeckt schon etwas besser;
Der Frosch wird bunt und immer größer.

Beim dritten gibt es ein Getöse,
Als ob man die Kanonen löse.

Ein hohes Schloß steigt aus dem Moor,
Ein schöner Prinz steht vor dem Tor.
Er spricht: »Lieb Kätchen, du allein
Sollst meine Herzprinzessin sein!«
Nun ist das Kätchen hochbeglückt,
Kriegt Kleider schön mit Gold gestickt
Und trinkt mit ihrem Prinzgemahl
Aus einem goldenen Pokal.

Indessen ist die Adelheid
In ihrem neusten Sonntagskleid
Herumspaziert an einem Weiher,
Da saß ein Knabe mit der Leier.
Die Leier klang, der Knabe sang:
»Ich liebe dich, bin treu gesinnt,
Komm, küsse mich, du hübsches Kind!«

Kaum küßt sie ihn,
So wird er grün,
So wird er struppig,
Eiskalt und schuppig.

Und ist – o Schreck! –
Der alte kalte Wasserneck.

»Ha!« lacht er. »Diese hätten wir!«
Und fährt bis auf den Grund mit ihr.

Da sitzt sie nun bei Wasserratzen,
Muß Wassernickels Glatze kratzen,
Trägt einen Rock von rauhen Binsen,
Kriegt jeden Mittag Wasserlinsen;
Und wenn sie etwa trinken muß,
Ist Wasser da im Überfluß.

Milan Kundera
Warum küßte er sie nicht ganz einfach

Ich schreibe über Agnes, stelle sie mir vor, lasse sie auf einem Bänkchen in der Sauna sitzen, durch Paris gehen, in einer Illustrierten blättern, mit ihrem Mann sprechen, aber das, was am Anfang von allem stand, diese Geste der Dame, die am Schwimmbecken dem Bademeister zuwinkte, habe ich offenbar vergessen. Winkt Agnes nie jemandem auf diese Weise zu? Nein. Auch wenn es sonderbar ist, es kommt mir so vor, als täte sie es schon lange nicht mehr. Früher, als sie noch sehr jung war, ja, damals hat sie so gewinkt.

Das war zu der Zeit, als sie noch in einer Stadt lebte, hinter der sich die Gipfel der Alpen abzeichneten. Sie war sechzehn und ging mit einem Mitschüler ins Kino. In dem Moment, als die Lichter ausgingen, nahm er ihre Hand. Bald schon fingen seine Handflächen an zu schwitzen, doch der Junge wagte es nicht, die so kühn ergriffene Hand loszulassen, denn dadurch hätte er sich eingestanden, daß er schwitzte und sich deswegen schämte. So hielten sie die heiße Feuchtigkeit anderthalb Stunden lang fest und lösten die Hände erst wieder, als die Lichter angingen.

Er versuchte, das Stelldichein zu verlängern und führte sie durch die kleinen Gassen der Altstadt hinauf zum alten Kloster, in dessen Hof es vor Touristen wimmelte. Offensichtlich hatte er alles genau geplant, denn er führte sie relativ bald in einen verlassenen Gang, und zwar unter dem ziemlich dummen Vorwand, ihr dort ein Bild zeigen zu wollen. Sie kamen ans Ende des Gangs, doch ein Bild gab es dort nicht, nur eine braungestrichene Tür mit der Aufschrift WC. Der Junge sah diese Tür nicht und blieb stehen. Sie wußte genau, daß ihn Bilder wenig interessierten und er nur einen abgelegenen Ort gesucht hatte, um sie zu küssen. Der Ärmste, er hatte nichts Besseres gefunden als diese schmutzige Ecke neben der Toilette! Sie mußte lachen, aber da sie nicht wollte, daß er glaubte, sie lache über ihn, zeigte sie ihm die Aufschrift. Er lachte ebenfalls, wurde aber ganz hoffnungslos. Vor dem Hintergrund dieser beiden Buchstaben war es unmöglich, sich zu ihr zu beugen und sie zu küssen (dies um so mehr, als es ihr erster, das heißt unvergeßlicher Kuß sein sollte), und es blieb ihm nichts anderes übrig, als im bitteren Gefühle der Kapitulation wieder in die Straßen zurückzukehren.

Sie gingen schweigend nebeneinander her, und Agnes war wütend: warum küßte er sie nicht ganz einfach auf offener Straße? Warum führte er sie statt dessen in einen versteckten Gang mit einer Toilette, auf der Generationen alter, häßlicher und stinkender Mönche ihre Därme entleert hatten? Seine Verlegenheit schmeichelte ihr, da sie ein Zeichen seiner verwirrten Verliebtheit war, noch mehr aber ärgerte sie sich darüber, denn sie zeugte von Unreife; mit einem gleichaltrigen Jungen zu gehen schien ihr disqualifizierend: sie interessierte sich nur für ältere. Aber vielleicht gerade, weil sie ihn in Gedanken verriet, gleichzeitig aber wußte, daß er sie gern hatte, wurde sie durch eine Art Gerechtigkeitsgefühl dazu ermahnt, ihm bei seinen Liebesbemühungen zu helfen, ihn zu unterstützen und aus seiner kindlichen Verlegenheit zu befreien. Sie beschloß, selber den Mut zu haben, den er nicht fand.

Er begleitete sie nach Hause, und sie nahm sich vor, ihn, sobald sie zum Gartentor der Villa gelangt waren, sofort zu umarmen und zu küssen, damit er sich vor lauter Verwunderung nicht vom Fleck rühren konnte. Aber im letzten Moment verlor sie die Lust dazu, weil sein Gesicht nicht nur traurig, sondern unnahbar, ja fast feindselig war. Sie gaben sich also nur die Hand, und sie ging den schmalen Gartenweg hinauf, der zwischen den Beeten hindurch zur Haustür führte. Sie spürte, wie der Junge reglos dastand und ihr nachschaute. Wieder tat er ihr leid, sie empfand für ihn das Mitgefühl einer älteren Schwester und tat in diesem Augenblick etwas, was sie eine Sekunde zuvor noch nicht geahnt hatte. Sie drehte ihm im Gehen den Kopf zu, lächelte und warf den rechten Arm fröhlich in die Luft, leicht und fließend, als würfe sie einen bunten Ball in die Höhe.

Keto von Waberer
Als seien die Küsse abgezählt

Schon auf der Treppe gewann er seine alte Selbstsicherheit zurück, so daß ihn Gertrud zweimal stolpern lassen mußte. Er hielt sie leicht am Ellbogen, und an der Treppenbiegung legte er den Arm um sie und zog sie zu sich her.

»Ich habe Champagner hinaufbestellt«, flüsterte er in ihr Haar. »Lassen Sie Knesebeck nur machen.«

Gertrud war leicht und neugierig zumute. Vor seiner Tür blieben sie stehen, Knesebeck hielt den Schlüssel schon in der Hand. Im Vorbeigehen hatte er seine Krawatte vor dem Spiegel zurechtgerückt, die ganze Zeit lang ein kaum wahrnehmbares zufriedenes Lächeln um den Mund, auch jetzt, als er vor Gertrud stand, sich verbeugte, ihre beiden Handrücken zum Mund hob und sie küßte. Er hatte feuchte Augen.

Gertrud wollte plötzlich nicht mitgehen durch diese Tür. Sie wünschte sich einen Aufschub, versuchte rasch sein Gesicht mit liebevollen Augen zu betrachten, versuchte es neben ihr Gesicht zu legen aufs Kissen, es über sich zu halten, mit Haaren, die sich aus der aufgezwungenen Glätte befreiten und wirr abstanden. Ihr Zögern teilte sich Knesebeck mit. Er warf rasch einen Blick den leeren Hotelflur entlang und riß sie an seine Brust, ganz so, wie Gertrud es die Männer im Kino hatte tun sehen. Aber ehe sie lachen konnte, küßte Knesebeck sie, und sein Mund geriet dabei so außer sich, daß Gertrud um ihre Nase fürchtete, um ihre Oberlippe, um ihre Zunge. Zudem atmete Knesebeck in heftigen Stößen. »Auffressen könnte ich Sie.« Er bog Gertrud dabei nach hinten wie ein Tangotänzer.

»Nicht auf dem Gang«, gelang es ihr schließlich hervorzugurgeln. Knesebeck sperrte auf. »Ich bin eine leidenschaftliche Natur, Gertrud.« Das war ein Versprechen.

Aus dem Radio auf dem Nachttisch klang noch immer Walzermusik. Die hatte Knesebeck sorgsam gesucht, nachdem er die Tür verschlossen hatte, nachdem er Gertrud ein Glas Champagner gereicht hatte, nachdem er sie zum Bett geführt hatte, wortlos und ohne den Blick von ihr abzuwenden. Gertrud lächelte und kostete noch einmal aus, wie er sie ausgezogen hatte, zuerst die Schuhe, dann die Strümpfe, dabei verstreute er viele kleine feuchte Küsse auf ihren Beinen, Armen, Schultern.

»Ganz gemächlich, wir haben Zeit«, flüsterte er keuchend. Gertrud sah ihm ganz ruhig dabei zu, er aber verhedderte sich in den Bändern und Ösen ihrer Unterwäsche und schwitzte. Noch einmal überschwemmte er mit einem ausführlichen Kuß ihre Backen und ihr Kinn, noch einmal drückte er seine Lippen auf Hände und Ellenbeuge. Es war Gertrud, als gehe er nach einem bestimmten Rezept vor, als seien die Küsse abgezählt und dazu gedacht, an den richtigen Stellen plaziert zu werden, aber Knesebeck war zu ungeduldig, um sich an ein Programm zu halten. Er grunzte und hastete immer tolpatschiger durch das Ritual des Ausziehens, und dann ging alles sehr schnell. Knesebeck, eben noch in schwarzen Kleiderhüllen, trat hell und faltig zutage, in Unterwäsche, langen Hosen, langen Ärmeln, dann schälte er auch diese Hüllen ab, behende, wie man einer Weißwurst die Haut abzieht, und nun war er auch schon über ihr, ein rosiges graubehaartes Gewitter, mit zappelnden kalten Beinen, einem erstaunlich hartgewölbten Bauch und baumelndem Amulett.

Und nun schlief er.

»Ach, die Liebe ist doch schön«, hatte er gemurmelt, ehe er einschlief.

Gertrud drehte das Radio ab.

Barbara Pym
Natürlich mußte sie wollen, daß er sie küßte

Wie schrecklich, dachte Barbara, daß es dazu kommen mußte! War es *ihre* Schuld? War es falsch gewesen, ihn so oft zu sehen? Sie blickte auf die Beziehung zurück, die sie gepflegt hatten, und entschied, daß sie wahrscheinlich Schuld hatte. Dieser Abend im letzten Semester, als er ihr die Blumen geschickt hatte – der hätte sie warnen müssen; sie hätte sehen müssen, was sich da entwickelte. Oh, warum hatte sie nur gesagt, daß sie ihn liebte? Sie war so überrascht gewesen über seine Erklärung, daß ihr die Wahrheit entschlüpft war, bevor sie noch Zeit gehabt hatte, zu überlegen, wie sie sich am klügsten verhalten sollte. Und jetzt war alles verdorben. Ihre schöne Liebe, die ihr so viel Glück geschenkt hatte, würde zu einer schmutzigen kleinen Affaire erniedrigt werden. Es sei denn, sie könnten diesen Nachmittag einfach vergessen, dachte sie hoffnungsvoll, und weitermachen wie vorher in jenen glücklichen Tagen, die jetzt so weit zurückzuliegen schienen.

Plötzlich lehnte sich der alte Mann nach vorn und sagte vertraulich: »Ich glaube, ich gehe mir jetzt die Hände waschen«, und damit stand er auf und verließ Francis und Barbara, die ihm mit offenem Mund nachstarrten, während sie immer noch nach einer passenden Antwort suchten.

Kaum hatte sich der alte Mann nach längerem Zögern im Gang für die Richtung entschieden, in der er die nächste Toilette vermutete, wendete sich Francis Barbara zu und rief betont dramatisch: »Gott sei Dank, endlich sind wir allein!«

»Ja, aber nur für einen Augenblick«, sagte sie mit einem besorgten Blick zur Tür.

»Barbara, Liebling!« Er rückte näher an sie heran und schlang die Arme um sie.

»Nicht, er kommt doch gleich zurück«, sagte sie und rückte den Hut wieder gerade, der durch seine Aktion verrutscht war. Sie haßte es, wenn ihre äußere Erscheinung in irgendeiner Weise in Unordnung gebracht wurde.

»Ach, was macht das schon! Ich will dich küssen«, sagte er ganz von sich angetan.

Barbara drehte sich weg. Sie starrte auf die Polsterung und fragte sich, warum sie so schreiend bunt war, kein warmes, dunkles Rot wie gewöhnlich, sondern ein häßliches Rehbraun mit großen, düster wuchernden Blumen.

Sie wußte genau, was sie hätte empfinden müssen, denn

sie war in der großen englischen Dichtung und auch in der weniger bedeutenden gründlich belesen, aber es war eine unglückliche Tatsache, daß sie es eigentlich überhaupt nicht mochte, wenn sie geküßt wurde. In ihrem ersten Semester hatte es einen jungen Mann gegeben, und sie waren so wunderbar miteinander ausgekommen, bis er sie eines Sonntagabends, als sie am Fluß spazierengingen, plötzlich in die Arme genommen hatte. Sie war schrecklich aufgebracht gewesen, und dann hatten sie sich den ganzen Rückweg lang elend über intelligente platonische Freundschaften gestritten. »Und Gott schuf sie – einen Mann und ein Weib, Barbara«, hatte der junge Mann pathetisch gesagt, doch alles, was sie erwidern konnte, war: »Ja, John, ich weiß. Aber ich möchte nur, daß wir *Freunde* sind...« Und danach war sie schluchzend in ihr College gerannt, und eine schöne Freundschaft zwischen zwei intelligenten Menschen war zerbrochen. Seither hatte es gelegentlich noch ein, zwei Küsse gegeben, die Barbara über sich hatte ergehen lassen, einfach weil sie fand, es sei die einzige Art, seine Dankbarkeit für ein gutes Abendessen oder einen schönen Theaterabend zu zeigen.

Aber dies hier war etwas anderes, oder müßte etwas anderes sein. Sie und Francis liebten sich wirklich – sie hatten es im Britischen Museum gesagt. Natürlich mußte sie wollen, daß er sie küßte. Er war freilich ihr Tutor; vielleicht hatte das etwas damit zu tun. Es schien irgendwie seltsam, seinen Tutor zu küssen, ob man ihn nun liebte oder nicht. Außerdem war der Rahmen nicht sehr romantisch – vielleicht hatte sie deswegen diese merkwürdigen Zweifel. Ein hastiger Kuß in einem Eisenbahnabteil ... Eisenbahnabteile hatten einfach etwas Schmutziges: man mußte dabei an solche Sachen denken, wie man sie in den Zeitungen las; in einem Eisenbahnabteil geküßt zu werden, war wirklich genau das Gegenteil von Romantik. Es kam ihr eigentlich nicht in den Sinn, daß ein weiterer Grund, warum ihr das Ganze nicht geheuer und auf unbestimmte Weise falsch erschien, der sein mochte, daß Francis ein verheirateter Mann war. Barbara hatte unkonventionelle Vorstellungen von Moral und hatte oft mit ihren Freundinnen nächtelang bis in die frühen Morgenstunden bei Kaffee und Ovomaltine über solche Themen diskutiert.

»Tja, also…« Francis ließ sie los und überlegte, was er jetzt sagen sollte. Es war so lange her, seit er so etwas erlebt hatte. Aber, vielleicht zum Glück, kam gerade in diesem Augenblick der alte Mann zurück, und es folgte einer jener unwirklichen Unterhaltungen, die sich in diesem Fall um die Waschgelegenheiten in englischen Zügen drehte, um die kleinen, harten, nichtschäumenden Seifenstücke, die nie ausreichenden Handtücher, das Wasser, das in einem kochendheißen oder eiskalten Strahl herausschoß oder überhaupt nicht lief und das verschmierte Waschbecken.

Barbaras Gedanken bewegten sich unglücklich im Kreis, bis sie fast anfing zu wünschen, sie hätte Francis Cleveland nie gesehen, sondern wäre zu der alten Miss Gantillon in ihr Haus in der Norham Road gegangen und hätte ruhige, langweilige Tutorenstunden ohne emotionale Komplikationen genommen.

»Ist das Oxford?« fragte der alte Mann, als der Zug seine Fahrt verlangsamte.

»O ja, das ist Oxford«, antwortete Barbara und zwang sich zu lächeln. »Wir sind sehr pünktlich.«

»Der Ort der hoffnungslosen Fälle, so nennt man es doch, glaube ich«, sagte er gesprächig.

»Ja, das stimmt«, sagte Barbara höflich.

»Als ich ein Kind war, kam Matthew Arnold zum Tee zu uns«, sagte der alte Mann. »Ein Schulinspektor!« Er schüttelte den Kopf und ging schlurfend und immer noch vor sich hin murmelnd auf den Gang hinaus.

»Kann ich dich in dein College zurückbringen?« fragte Francis.

»Ja, wenn du möchtest«, sagte Barbara. Schließlich machte das jetzt auch keinen Unterschied mehr.

Sie saßen im Taxi ziemlich weit auseinander und sprachen eine ganze Weile nichts. Als sie sich Barbaras College näherten, sagte Francis: »Mach dir keine Sorgen, es wird alles gut werden.«

Barbara wandte sich ihm zu, stellte aber fest, daß sie nichts sagen konnte. Sie verspürte einen plötzlichen Drang, sich an seiner Schulter auszuweinen, aber das wäre ganz unmöglich gewesen und war auch gar nicht, was sie wirklich wollte. Sie brauchte jetzt die Abgeschiedenheit ihres Zimmers, wo sie die Dinge in einer vertrauten klösterlichen Atmosphäre überdenken konnte, die nichts mit einem Eisenbahnabteil oder dem Britischen Museum zu tun hatte.

»Leb wohl«, sagte sie und stieg schnell aus dem Taxi aus. »Danke für den schönen Tag.«

Die Tränen stiegen ihr bereits in die Augen, als sie die Auffahrt hinauflief, und noch bevor sie ihr Zimmer erreichte, weinte sie schon unverhüllt.

Edward Morgan Forster
Soviel zu Umarmung und Kuß

Sie lächelte ernst. Ein gewisses Vorhaben, vor dem er bislang zurückgeschreckt war, schien unversehens in greifbare Nähe gerückt.

»Lucy!«

»Ja, ich glaube, wir sollten jetzt gehen«, lautete ihre Antwort.

»Lucy, ich möchte dich um etwas bitten, worum ich dich bisher noch nie gebeten habe.«

Als sie hörte, in welch ernstem Ton er das sagte, trat sie offen und freundlich auf ihn zu.

»Was denn, Cecil?«

»Ich habe dich – nicht einmal an dem Tag auf dem Rasen, als du einwilligtest, meine Frau zu werden …«

Er wurde verlegen und sah sich um, als gälte es, sich zu vergewissern, daß niemand sie beobachtete. Der Mut hatte ihn schon wieder verlassen.

»Ja?«

»Ich habe dich bis jetzt noch nie geküßt.«

Sie lief puterrot an, als ob er es höchst undelikat ausgedrückt hätte.

»Nein … das hast du wirklich nicht«, stammelte sie.

»Dann bitte darf ich – darf ich, jetzt?«

»Selbstverständlich darfst du, Cecil. Du hättest es auch schon früher tun dürfen. Ich kann mich schließlich nicht auf dich stürzen.«

In diesem großen Augenblick war er sich nur größter Unsinnigkeiten bewußt. Ihre Antwort war unangemessen. Jetzt hob sie auch noch ihren Schleier auf so sachlich-nüchterne Weise in die Höhe. Als er sich ihr näherte, fand er die Zeit zu wünschen, er könnte zurückzucken. Als er sie berührte, geriet sein goldenes Pince-nez ins Rutschen und wurde zwischen ihnen eingeklemmt.

Soviel zu Umarmung und Kuß. Er betrachtete beides – durchaus zu Recht – als mißglückt. Leidenschaft sollte sich für unwiderstehlich halten. Dabei sollte man auf höfliches Betragen und Rücksichtnahme samt allen anderen Flüchen einer verfeinerten Natur pfeifen. Vor allem aber sollte sie nie danach fragen, ob etwas gestattet ist oder nicht.

Gabriele Wohmann
Er hatte ihr einen folgenlosen Kuß gegeben

Venedig war immer noch da, als sie spät am Abend durch die »Calli« schlenderten, aber er glaubte, sie habe es vergessen. Es war nur noch Staffage. Sie blieb auf einer kleinen Brücke stehen und warf ein Geldstück ins Wasser. Lange stand sie über das Geländer gebeugt. Sicher erwartet sie, daß ich sie jetzt küsse, dachte er. Natürlich. In Davos habe ich sie auch immer geküßt. Sie wird enttäuscht sein, wenn ich es jetzt unterlasse. Für sie gibt es keinen Grund, daß ich es nicht tue. Sie würde mich für jammervoll bourgeois halten, wenn ich es wegen Lin nicht täte. Er spürte, wie sie ein bißchen zusammenschreckte, als er seine Arme um sie legte, und er war zufrieden, daß ihr Mund nur zaghaft seinen Kuß erwiderte. Wie mädchenhaft sie immer noch war! Gewiß hatte sie vor lauter Arbeit keine Gelegenheit mehr gehabt, sich zu verlieben.

Selbstbewußt ging er neben ihr her: Nicht die erschöpfendste kunsthistorische Belehrung, nicht die komprimierteste venezianische Romantik hatte so viel vermocht wie dieser zwar widerwillig, aber genial verabreichte Kuß. Er deutete ihr Schweigen als melancholisches Verlangen; so behagte es ihm. Eine ausgezeichnete Situation: er war verheiratet, er hatte ihr einen folgenlosen Kuß gegeben. Sehr gut so. Sie liebte ja Emotionen, da hatte sie welche. Er war vollkommen sicher, daß sie auf den Kuß gewartet hatte.

Ihr Wagen parkte auf der Piazzale Roma. Er brachte sie zur nächsten Vaporettostation. Seine Stimmung war so hochgemut, daß er sie beim Abschied auf dem leise schaukelnden Bootssteg noch einmal küßte. Sie lächelte ihm zu mit ihrem alten Madonnenlächeln: da schmerzte es plötzlich ein bißchen, daß es nicht mehr Davos war. Es war Venedig.

Einen Monat später bekam er den ersten Brief seit ihrem Abschied. Nach den Einleitungsworten, mit denen sie sich entschuldigte, weil sie auf der Rückreise nicht mehr in Venedig hatte Station machen können, die Zeit sei einfach zu knapp für diesen Umweg gewesen und Rom so interessant, erschrak er heftig: »– denn es fiel mir so schwer zu heucheln. Ich habe mich verstellt, die ganze Zeit über. Ich bin anders geworden in den sieben Jahren, und meine Briefe hatten es nicht verraten sollen. Denn es tat mir so leid, daß Du allein der alte geblieben sein mußtest. Darum erwiderte ich auch die beiden Küsse, die Du mir gabst. Aber sie waren das Schrecklichste ...«

Jurek Becker
Gern hätte ich den Fernseher ausgemacht

Bis zu ihrer Wohnung war es weit. Wir mußten mit der Untergrundbahn fahren und dann unzählige Stationen mit dem Bus. Sie hakte sich bei mir ein, als wir im Bus nebeneinandersaßen. Ich überlegte, ob die große Entfernung zum Grenzübergang die ganze Sache nicht sinnlos macht. Dafür stand das Haus aber in einer grünen Vorstadtstraße.

Sie mußte lange ihren Schlüssel suchen, auf einem Fensterbrett neben der Haustür saß ein roter Hund und gähnte. Die Wohnung war groß genug für zwei, das fand ich nach wenigen Minuten heraus. Sie hatte ein großes Zimmer, eine Toilette und eine Küche, in der man sich gut waschen konnte. Über dem Herd hingen ein paar Strümpfe und Schlüpfer auf der Leine, die nahm sie schnell ab und versteckte sie wie eine Schande. Die beiden Weinflaschen stellte sie in den Ausguß und ließ kaltes Wasser darüberlaufen.

Sofort nachdem wir uns auf das Sofa gesetzt hatten, umarmte und küßte ich sie. Ich wußte, daß ich schüchtern werden würde, wenn ich erst lange wartete, ich kannte das von früher. Im ersten Moment hielt sie nur still, aber dann öffnete sie den Mund und küßte auch, und ich dachte, das wäre erst mal geklärt. Ich konnte sie anfassen, wo ich wollte, ohne daß sie sich wehrte. Soviel Zeit hatten wir gar nicht, denn es war längst sieben vorbei, um zwölf mußte ich an der Grenze sein, und die vielen Stationen lagen dazwischen. Ich ging in die Küche, trocknete die Weinflasche ab und suchte Gläser. Es freute mich, daß sie nicht hinter mir herkam. Es war wie eine Aufforderung, mich in ihrer Wohnung frei zu bewegen. Als ich mit Wein und Gläsern ins Zimmer zurückkam, hatte sie das Fenster zugezogen und den Fernsehapparat eingeschaltet. Sie sagte, daß am Sonnabend immer ein gutes Programm ist.

Wir tranken und aßen dazu die weiße Schokolade. Sie war so vertieft in die Fernsehbilder, daß man nicht mit ihr reden konnte, dabei wurde meistens gesungen. Ich konnte nur einzelne Wörter verstehen, für Lieder ist mein Deutsch nicht gut genug, außerdem wurde viel englisch gesungen. Sie fragte mich nach einer Weile, ob ich ihr eine bestimmte Schallplatte mitbringen könnte. Das war der erste Hinweis darauf, daß auch sie mit mir Pläne hatte. Ich ließ mir den Titel auf einen Zettel schreiben, sie machte dazu für einen Augenblick das Licht an. Ich trank viel mehr Wein als sie. Es ärgerte mich, wie wichtig ihr das Fernsehen war, aber ich wollte ihr nicht schon am ersten Abend Vorschriften machen und mich wie der Herr aufführen. Ich legte mich hinter sie aufs Sofa, an der Decke tanzten die Schatten der Figuren aus dem Fernsehen. Klaras Finger lagen dicht vor meinen

Augen und bewegten sich ohne Pause mit der Musik. Nur wenn gesprochen wurde, lagen sie still.

Ich nahm das umgetauschte Geld aus meiner Hosentasche und legte es auf den Tisch, es war noch im Umschlag von der Bank. Ich wollte es nicht zurück über die Grenze und beim nächstenmal wieder hierher bringen, bei der Kontrolle brannte es in der Tasche. Natürlich konnte ich keine Quittung von Klara verlangen, aber gut genug für das Geld kannten wir uns längst noch nicht. Ich nahm mir vor, den Rest des Abends abzuwarten und dann erst zu entscheiden, ob ich den Umschlag hierlassen konnte oder nicht. Ich sagte mir: Wenn sie die ganze Zeit fernsieht, bin ich hinterher aber auch nicht klüger.

Ich zog sie an den Haaren zu mir herunter. Sie wehrte sich nicht und sagte: Du hast ja recht. Wir küßten uns, plötzlich hatte ich gar nicht mehr das Gefühl, daß sie schüchtern war. Aber nicht etwa, weil sie so leidenschaftlich gewesen wäre oder raffiniert, sondern weil sie mich irgendwie unbeteiligt küßte, fast wie eine Selbstverständlichkeit. Ich überlegte, warum sie vorhin in dem Laden die Bluse nicht haben wollte. Gern hätte ich den Fernseher ausgemacht, er stört dich, weil du immerzu ein paar Worte verstehen willst oder weil du überlegst, an wen dich die Sängerin erinnert. Als ich meine Hand nach dem Schalter ausstreckte, zog Klara sie aber zurück. Ich hatte noch nie beim Fernsehen Liebe gemacht, schon deshalb nicht, weil ich keinen Apparat besitze. Sie sagte: Laß doch, ist doch gut so. Ich hatte mal mit einer etwas gehabt, die zog mitten beim Bumsen ihre Armbanduhr auf. Ich habe mich gerächt an ihr, aber ich möchte nicht sagen wie.

Wir küßten uns wieder ein bißchen, dann zogen wir uns aus, zuerst ich sie und dann sie mich. Ich versuchte, sie so zu halten, daß sie den Fernseher nicht sehen konnte. Wir fingen mit der Liebe an, doch ich wußte schon vorher, daß es nicht besonders werden würde. Ihre Augen waren geschlossen, sie hielt mich die ganze Zeit bewegungslos umarmt, als handelte es sich dabei um eine Vorschrift. Weil sie Krankenschwester war, brauchte ich sie nichts zu fragen. Ich habe es gern, wenn die Mädchen sich bewegen und laut sind, wenn sie dir zeigen, daß bei ihnen etwas los ist und du dich nicht alleine amüsierst. Sie lag unwahrscheinlich still, und nur an ihrem Mund, wenn wir küßten oder wenn ihre Zunge über die Lippen fuhr, konnte ich merken, daß sie nicht eingeschlafen war. Ich tat alles Mögliche, ich suchte ihren Körper, der mir plötzlich winzig klein vorkam, nach Stellen ab, an denen sie empfindlich war. Ich hatte einmal in einem Aufklärungsfilm gehört, daß jeder normale Mensch solche Stellen hat, du mußt sie nur finden. Aber ich fand sie nicht.

Im Fernsehen begann etwas Neues, vielleicht hörte sie aufmerksam zu und dachte gar nicht an uns. Ich dachte, daß ich es wohl riskieren könnte mit dem Geld, sie würde mich schon nicht betrügen. Dann konnte ich nicht länger warten und mußte mit der Liebe zum Ende kommen. Ich fragte sie ins Ohr, ob sie auch fertiggeworden war. Sie sagte: Schon längst. Ich nahm mir vor, diese Sache zu ändern, falls wir länger zusammenbleiben sollten. Ich sagte ihr: Wenn du deinen Spaß mehr zeigst, dann hast du auch mehr Spaß. Sie reagierte aber nicht darauf. Sie trank ein bißchen Wein, dann sagte sie, daß sie in jeder dritten Woche zur Nachtschicht muß. Es war das zweite deutliche Zeichen, daß sie mit mir etwas vorhatte. Ich hätte mir ein besseres Zeichen gewünscht, aber das Geld konnte ich jetzt mit gutem Gewissen hierlassen.

Giani Stuparich
An jenem Abend wollten wir uns küssen

Unsere Liebe war voller Unfrieden und Spannung gewesen. Junge Leute, die Gefühl und Phantasie haben, sehen für gewöhnlich zuviel in der Liebe, bisweilen das ganze Universum. Das Universum findet aber nicht in der Liebe Platz, kann nicht Platz in ihr finden. Daraus entstehen dann jene nicht zu überwindenden Mißverhältnisse und Störungen des seelischen Gleichgewichts, denen man erst durch die Katastrophe der Liebe selbst entgeht. Während ich wortlos neben ihr herging, vollzog ich noch einmal all die süßen Gefühle nach, die mir die Liebe zu ihr bereitet hatte: Nur manchmal können vielleicht die weiten, vielversprechenden Frühlingshimmel eine Spur solcher Süßigkeit ahnen lassen. Und zugleich, wieviel dumpfe Trauer und heillose Verwirrung. Der bittere Geschmack davon füllte mir wieder den Mund, das Leiden fiel mich an wie damals, zermürbte mich und nahm mir die Lust am Leben. Wohl hatten wir oft, nur Liebende können es, die Erdenschwere des Körpers abgelegt und jene Grenzen gesprengt, die die Menschennatur sonst einschließen, aber noch öfter hatte die Liebe uns Seite an Seite über den Abgrund des Todes gebeugt. Wie an jenem Abend auf der Brücke von Sant'Andrea: die schwindelerregende Tiefe, die Geleise der Eisenbahn, die auf dem schwarzen Erdaushub unter uns glänzten, zogen uns unwiderstehlich hinunter, und nur mit äußerster Anstrengung rissen wir uns vom Geländer los.

Die Erinnerungen hatten mich traurig gemacht. »Aber warum werfen wir denn die Vergangenheit nicht einfach weg«, wollte ich zu ihr sagen, »warum verlieben wir uns nicht aufs neue und ganz anders als damals? Es ist so schön, sich zu verlieben, auch den Kopf zu verlieren, wenn du willst, aber heiter, ohne zu viele Komplikationen.« Doch mir fehlte der Mut zu sprechen. Obwohl ich gelernt hatte, nicht mehr schüchtern gegenüber den Frauen zu sein – in ihrer Gegenwart wurde ich wieder gehemmt und empfindsam wie vor drei Jahren.

Als wir den Weg am Fuß des Hügels einschlugen – die hell erleuchteten, bewegten Straßen des Zentrums lagen endgültig hinter uns –, brach sie nun das Schweigen, um mir zu sagen, es wäre vielleicht besser, auseinanderzugehen. Ich wollte nicht. Die Straße stieg gegen den klaren Winterhimmel an, der übersät war von kleinen Sternen. Nach dem ersten Steilstück führte ich sie einen Umweg über die Rampen zur Kirche hinauf. Die aufgelockerte Erde der Beete längs der gewundenen Wege roch weich und warm, als schliefe der Frühling schon unter ihr. Nun strömten die Erinnerungen frei aus unseren Herzen: allzu unmittelbar beschworen diese Stille, diese Wege, diese Plätze sie herauf. Einer sagte zum anderen: »Erinnerst du dich?« – und der andere schwieg. Wie sollte er sich denn nicht erinnern unter diesen Rampen, wo eines Abends der Wille von uns Verliebten ungestüm jedes Hindernis überwunden hatte.

An jenem Abend wollten wir uns küssen. Ich erwartete sie verborgen im Schatten einer niedrigen Mauer, aus meinem Winkel konnte ich gut ihre Haustür sehen. »Unter irgendeinem Vorwand werde ich ausgehen, und wenn auch nur für einen Moment«, hatte sie versprochen. Ich sah sie mit dem Hund herauskommen und trat voll Freude aus dem Dunkel hervor, aber gleich hinter ihr erschien auch ihr Vater. Es war ihr nicht möglich gewesen, allein zu kommen. Mich erkennen, mir ein Zeichen geben und ich sie begreifen war eins. Wunderbare stumme Sprache, mit der die Liebenden sich verständigen. Wir wollten das Spiel nicht verloren geben. Schnell lief ich die Straße hinunter und strich aufgeregt an den Rampen herum, sie nahm den Weg über die Stufen zur

Esplanade vor der Kirche. Jetzt beginnt sie den Hund zu hetzen. Der Hund jagt mit ein paar Sätzen den Abhang herab, ich höre ihn hecheln und die Marke an seinem Halsband klingeln. Sie stürzt hinter ihm nach, geräuschvoll, mit zerrauften Haaren und heißem Atem. Der Vater tritt an den Stiegenrand, man sieht ihn deutlich, er ruft sie. Aber da halte ich sie schon in meinen Armen: wir stehen genau unter ihm, unsichtbar, an die Böschung gedrängt. Unser langer Kuß schmeckt nach Erde, nach Blut, nach Wahnsinn, nach Sieg. Wir reißen uns voneinander los, ihr Antwortruf klingt ein wenig erstickt, sie macht einen großen Bogen und kehrt mit dem Hund zurück. Ich warte ein wenig, dann steige ich langsam zur Stadt hinunter.

Diese stürmische Szene riefen wir uns während des gemeinsamen Weges wieder vor Augen und ergänzten wechselseitig die fehlenden Details.

(...)

Wir gingen auf die Kirche zu. In diese Kirche war ich manchmal aus ihrem Haus geflüchtet, das Herz in Aufruhr. Ich sagte es ihr. Sie fragte mich, ob ich Trost gefunden hätte. Das kühle Halbdunkel im Inneren habe mich beruhigt, und auch das Gefühl, dem Leben entkommen zu sein, gab ich zur Antwort. Als wir die Stufen zur Straße hinunterstiegen, wollte ich ihre Hand ergreifen. Aber mein Versuch war zu schüchtern: sie bemerkte ihn nicht einmal. In diesem Augenblick erfaßte mich eine große, klare, erlösende Traurigkeit. So entbindet der Himmel sich von einem ersten Regenschauer. In dieser Stimmung hätte ich wohl meine Unbefangenheit wiedergefunden, wenn wir nicht allzu rasch das Tor ihres Hauses erreicht hätten. Das Geräusch des Schlüssels im Schloß und des Türflügels in den Angeln habe ich noch heute im Ohr: ein Pfeifen, das in einem sanften Ton ausklang, wie wenn eine unerfahrene Hand die Orgel anschlägt. Ich überschritt hinter ihr die Schwelle. Sie drehte sich um. Überrascht sah sie mich an. Ihr Gesicht war außerordentlich schön. Drei leere Jahre, in denen ich ihren Mund nicht geküßt hatte. Ich beugte mich über sie. Mein Verlangen, sie zu küssen, kam mir ganz natürlich vor. Aber sie schüttelte den Kopf, und so faßte ich sie um die Mitte. Sie wich nach hinten aus und erblaßte. Die leuchtende Blässe ihres Gesichts in diesem Vorhaus, das nur von ein paar flakkernden, weit entfernten Sternen erhellt war: wenn sich die ganze Seele in einem Punkt sammelt, geht vielleicht von ihr solch ein Glanz aus. Geblendet davon, verlor ich jeden Mut, sie zu küssen.

An jenem Abend des Jahres 1913 war ich viel zu lebenshungrig, als daß ich mich von der Enttäuschung hätte überwältigen lassen oder daß ich mich lange mit bitteren Überlegungen quälte. Allein gelassen, zuckte ich mit den Schultern und lächelte über den Mißerfolg mit dem mir eigenen Hochmut, der mich unzählige Male verlieren ließ, woran ich doch hing und was ich mit ein wenig demütiger Ausdauer leicht hätte erringen können. Fast heiter ging ich von oben weg, wie von einer Last befreit. Erst viel später mußte ich erkennen, wie tief die Wunde des nicht gegebenen Kusses saß. Damals erschien mir ihr Brennen beinahe heilsam. Ich sagte mir immer wieder, diese abendliche Begegnung sei ein Zufall gewesen und meine erste Liebe für immer tot und gestorben, nur Dummheit könne sie wiedererwekken wollen. Die Frau, die ich jetzt liebte, sei die andere, die entfernte. Eine Liebe, ganz anders als die erste, freudiger, obgleich auch sie nicht frei von Verwicklungen. Trotz meiner großen Sehnsucht nach einfachen Lösungen bin ich auch später unfehlbar immer wieder in Schwierigkeiten geraten. Damals freilich fühlte ich mich noch nicht vom Joch der neuen Liebe belastet. Im Gegenteil, ich bewegte mich locker und selbstsicher. Durch diese Art von Bewegungsfreiheit ist der Mann für gewöhnlich der Frau überlegen, wenn die Leidenschaft ihn nicht zum Gefangenen macht. Doch wie wenig hochherzig ist diese Überlegenheit des Mannes. Angenommen, ich hätte diesen Mund, der sich nicht küssen ließ, geküßt, ich hätte in dieser Nacht ich weiß nicht was alles erreicht – sogar der Gedanke an einen langen Aufenthalt des Verrats in Triest war mir durch den Kopf geschossen –, so wäre ich dennoch seelenruhig in die Toskana zurückgekehrt, zu ihr, die auf mich wartete, und hätte ihr nichts von alldem gestanden. Nun, da es mir nicht gelungen war, blies ich mich trotzdem auf vor Stolz, ein Mädchen in mich verliebt zu wissen, von dem ich am nächsten Morgen zu Hause einen langen, liebevollen Brief vorfinden würde, ein Mädchen, über das ich verfügen konnte: Sie wäre mir nachgekommen oder hätte jederzeit freudig auf meine Rückkehr geharrt. Und so traf ich in bester Laune, ein wenig mag mich der Teufel geritten haben, bei meinen Freunden ein, die schon auf mich warteten, und hielt mich für die Verspätung schadlos.

Meine Liebe zur Toskanerin dauerte nicht lange. Aber noch vor ihrem Ende, eines Abends, als wir auf der Balustrade des Piazzale Michelangelo saßen, unter uns der Arno und die Lichter von Florenz, da sah ich die Geliebte erblassen, während ich sie küßte. In diesem Moment überraschte mich wie eine Halluzination das Bild der anderen, und die Begegnung in Triest lief in allen Einzelheiten noch einmal vor meinem inneren Auge ab. Da begriff ich erst, daß dieses Erlebnis in mir noch nicht abgeschlossen war. Mein Leben hält im übrigen oft solche Überraschungen für mich bereit. Niemals schließt es sofort seine Kreise. Bestimmte Ereignisse, die eigentlich unwiderruflich vergangen sein müßten, trage ich in mir wie Wurzeln, die jederzeit wieder ausschlagen können. Blicke ich auf mein Leben zurück, so finde ich nicht eine Perspektive, sondern viele, die einander durchdringen. Oft kam es vor, daß ich auch bei Gelegenheiten, die keinerlei Ablenkung zuließen, Stimmen nach mir rufen hörte, die ich längst aus meinem Bewußtsein verdrängt und vergessen wähnte.

(...)

Nie hätte ich mir vorgestellt, daß ich eines Tages im Jahr 1920 auf der Straße stehen würde, die zu ihrem Haus hinaufführte. Sollte ich sie besuchen und mit ihr sprechen? Die Straße war unverändert, aber war das kleine Haus noch ihr Haus? Sieben Jahre waren seit jener Vorstellung von »Tristan und Isolde« vergangen, ohne daß ich irgend etwas von ihr gehört hatte. War sie noch am Leben? Ohne besondere innere Bewegung oder Rührung zog ich am Strang der Glocke. Der Eingang war gleich geblieben wie damals, als ich versucht hatte, sie zu küssen. Ein mitleidiges Lächeln über mich selbst kam mir auf die Lippen. Irgendein fremder Mensch würde ans Fenster treten und mich auf meine Frage hin ansehen wie einen Überlebenden, dessen Sprache und äußere Erscheinung man nicht mehr versteht. Meine Suche war sinnlos, wie alles in mir und außerhalb von mir sinnlos war. Dennoch begann mein Herz stärker zu klopfen, als ich statt einer fremden Person ein bekanntes Gesicht zum Fenster herausschauen sah. Es war eine Verwandte von ihr, fast nicht gealtert. »Ah, Sie suchen das Fräulein?« Sie war also noch ein Fräulein. »Sie wohnt nicht mehr hier, sie wohnt überhaupt nicht mehr in Triest, aber wenn Sie sie dieser Tage aufsuchen wollen, sie ist Gast der Familie gleich nebenan, die nächste Tür.« Um die Wahrheit zu sagen, mir zitterten die Knie während der paar Schritte bis zum nächsten Haustor. Aber als ich sie persönlich zum Tor kommen sah, begleitet von einem schönen schwarzen Hund, der freudig an ihr hinaufsprang und ihre Hände und Blicke für sich in Anspruch nahm, da schien mir das Leben wie ein Spiel, dem wir zu viel Bedeutung beimessen. Äußerlich war alles, als hätten wir uns am Tag zuvor zum letztenmal gesehen.

Nein, ich brauchte mich gar nicht erst neu auf sie einzustellen, wiewohl sie mir sichtlich Zeit dazu geben wollte. »Schau mich an«, schien sie zu sagen, während sie gerade aufgerichtet vor mir stand und mir mit Mund und Augen zulächelte, »findest du, daß ich mich sehr verändert habe?« Wir waren ins Zimmer getreten, allein, ohne den Hund. Ich setzte mich, sie setzte sich neben mich und streckte die Hand aus. Wir begannen zu sprechen, ich von meinem Leben, sie von ihrem. Nach und nach bemerkte ich, daß sie fraulicher geworden war. Ich hatte sie als junges Mädchen geliebt. Sie hatte jetzt wohlgeformtere Schultern, einen üppigeren Busen und war überhaupt stattlicher geworden. Auch ihr Gesicht hatte an Ruhe und Gelassenheit gewonnen. Sie war einfacher, aber mit größerem Raffinement gekleidet. Liebte ich sie noch? War mein Herz noch fähig zu lieben? Was suchte ich da heroben? Ich war einer unbewußten Eingebung gefolgt, aber vielleicht wollte ich auch nur eine Erklärung für jenen lang vergangenen Abend haben? Doch der Zweifel, der mir keine Ruhe gelassen, der mich manchmal zermürbt hatte, löste sich in ihrer Gegenwart von selbst. Der nicht geküßte Kuß nagte an mir, solange mir die Illusion erhalten blieb, ich könnte und wollte die verlorene Liebe zurückerobern, ich könnte, ich weiß nicht wie, das Geschehene ändern. Nun aber, da ich sie wiedergefunden und vor mir hatte, was gab es da noch zu ändern, was zu erobern? Jämmerlicher Trost, diesen Mund, nach dem ich mich vor sieben Jahren so sehr gesehnt hatte, jetzt ohne Begeisterung und ohne Sehnsucht zu küssen. Nur meine Phantasie konnte mir noch eine Liebesbeziehung mit ihr vorgaukeln. Um sie in Wirklichkeit umsetzen zu können, hätte ich jedes Hindernis ohne Gewissensbisse überwunden. Aber dieses innere Erschauern, dieses Sichverlieren der Vernunft im Gefühl, die eigentliche Seele der Liebe, war nicht mehr lebendig. Nie war die Übereinstimmung und das Verständnis zwischen uns so groß gewesen, wir konnten in Gelassenheit über alles reden. Freilich war eben deshalb auch jede Erklärung überflüssig. Die Vergangenheit mit ihren Trübungen hatte sich zu einer ruhigen Vertraulichkeit abgeklärt, die nichts mehr erschüttern konnte. Wir erkannten uns auf eine Weise wieder, die Liebe zwischen uns ausschloß. Nie hätte ich gedacht, daß ein Herbstabend zugleich so heiter und so traurig sein könnte.

Erich Fried
Nachtgedicht

Dich bedecken
nicht mit Küssen
nur einfach
mit deiner Decke
(die dir
von der Schulter
geglitten ist)
daß du
im Schlaf nicht frierst

Später
wenn du
erwacht bist
das Fenster zumachen
und dich umarmen
und dich bedecken
mit Küssen
und dich
entdecken

Diese große Leere

Else Lasker-Schüler
Dir

Drum wein' ich,
Dass bei Deinem Kuss
Ich so nichts empfinde
Und ins Leere versinken muss.
   Tausend Abgründe
Sind nicht so tief,
Wie diese grosse Leere.
Ich sinne im engsten Dunkel der Nacht,
   Wie ich Dir's ganz leise sage,
Doch ich habe nicht den Mut.
Ich wollte, es käme ein Südenwind,
Der Dir's herüber trage,
Damit es nicht gar voll Kälte kläng'
Und er Dir's warm in die Seele säng'
   Kaum merklich durch Dein Blut.

Johann Wolfgang Goethe
Die Welt verging ihnen

Ein Strom von Tränen, der aus Lottens Augen brach und ihrem gepreßten Herzen Luft machte, hemmte Werthers Gesang. Er warf das Papier hin, faßte ihre Hand und weinte die bittersten Tränen. Lotte ruhte auf der andern und verbarg ihre Augen ins Schnupftuch. Die Bewegung beider war fürchterlich. Sie fühlten ihr eignes Elend in dem Schicksale der Edlen, fühlten es zusammen, und ihre Tränen vereinigten sie. Die Lippen und Augen Werthers glühten an Lottens Arme; ein Schauer überfiel sie; sie wollte sich entfernen, und

Schmerz und Anteil lagen betäubend wie Blei auf ihr. Sie atmete, sich zu erholen, und bat ihn schluchzend, fortzufahren, bat mit der ganzen Stimme des Himmels! Werther zitterte, sein Herz wollte bersten, er hob das Blatt auf und las halb gebrochen:

Warum weckst du mich, Frühlingsluft? Du buhlst und sprichst: Ich betaue mit Tropfen des Himmels! Aber die Zeit meines Welkens ist nahe, nahe der Sturm, der meine Blätter herabstört! Morgen wird der Wanderer kommen, kommen der mich sah in meiner Schönheit, ringsum wird sein Auge im Felde mich suchen und wird mich nicht finden. –

Die ganze Gewalt dieser Worte fiel über den Unglücklichen. Er warf sich vor Lotten nieder in der vollsten Verzweiflung, faßte ihre Hände, drückte sie in seine Augen, wider seine Stirn, und ihr schien eine Ahnung seines schrecklichen Vorhabens durch die Seele zu fliegen. Ihre Sinnen verwirrten sich, sie drückte seine Hände, drückte sie wider ihre Brust, neigte sich mit einer wehmütigen Bewegung zu ihm, und ihre glühenden Wangen berührten sich. Die Welt verging ihnen. Er schlang seine Arme um sie her, preßte sie an seine Brust und deckte ihre zitternden, stammelnden Lippen mit wütenden Küssen. – Werther! rief sie mit erstickter Stimme, sich abwendend, Werther! – und drückte mit schwacher Hand seine Brust von der ihrigen; – Werther! rief sie mit dem gefaßten Tone des edelstens Gefühles. – Er widerstand nicht, ließ sie aus seinen Armen und warf sich unsinnig vor sie hin. Sie riß sich auf, und in ängstlicher Verwirrung, bebend zwischen Liebe und Zorn, sagte sie: Das ist das letzte Mal! Werther! Sie sehn mich nicht wieder. – Und mit dem vollsten Blick der Liebe auf den Elenden eilte sie ins Nebenzimmer und schloß hinter sich zu. Werther streckte ihr die Arme nach, getraute sich nicht, sie zu halten. Er lag an der

Erde, den Kopf auf dem Kanapee, und in dieser Stellung blieb er über eine halbe Stunde, bis ihn ein Geräusch zu sich selbst rief. Es war das Mädchen, das den Tisch decken wollte. Er ging im Zimmer auf und ab, und da er sich wieder allein sah, ging er zur Türe des Kabinetts und rief mit leiser Stimme: Lotte! Lotte! nur noch Ein Wort! ein Lebewohl! – Sie schwieg. Er harrte und bat und harrte; dann riß er sich weg und rief: Lebe wohl, Lotte! auf ewig lebe wohl!

Georg Hermann
Und dann nahmen sie Abschied voneinander

Jettchen stand ganz still an ihn gelehnt, zitternd und glutübergossen. Und dann umschlangen sie sich plötzlich; es war, als ob sie zueinander gezogen wurden, als ob eines zum anderen hin müsse, ganz nah und ganz eng. Und ihre Lippen trafen zusammen und lösten sich wieder und trafen wieder aufeinander und ruhten aufeinander, als ob sie diesen Platz nie mehr verlassen wollten. Und Kößling sah, wie aus Jettchens samtig schwarzen Augen ein paar Tränen kamen, ganz langsam sich sammelnd und lösend, sah, wie sie ganz langsam über die Wangen liefen; – und er suchte mit den Lippen ihr Gesicht, die Wangen, die Augen, die Stirn, das Haar an den Schläfen, nichts ließ er unbenetzt von seinen Küssen, die ein Echo hatten, ein nahes, rotes Echo.

Plötzlich riß sich Jettchen zusammen und sagte:

»Komm, mein lieber, guter Junge, wir wollen vernünftig sein, ich muß gehen.« Und dann neigte sie sich wieder vor und küßte ihn so lange, so lange, daß Kößling fast die Sinne schwanden.

»Das ist der letzte«, sagte sie und wandte sich.

Und jetzt jagten sie sich nicht, jetzt gingen sie ganz still und zögernd nebeneinander auf den dämmrigen Wegen, an den kleinen Teichläufen, an der blanken Wasserfläche, in deren Tiefe sich der helle und rosige Abendhimmel spiegelte.

Sie sprachen von dritten Dingen, aber sie vermieden es, geradezu einander anzureden, denn im Sie stockten sie, und das Du wollte ihnen nicht von den Lippen.

(...)

Sie sprachen beide nicht davon, wie es werden sollte zwischen ihnen, von Plänen, Hoffnungen und Aussichten, von Hindernissen und Schwierigkeiten; grad, als ob sie übereingekommen waren, nicht darüber zu reden und nichts zwischen sich aufkommen zu lassen, was das Glück und die stille Freudigkeit der Gegenwart vergällen könnte. Denn Jettchen, der wunderschönen, stolzen Jettchen Gebert war ihr Entschluß von vorhin, daß das der letzte sein sollte, längst leid geworden, und es wurde den Lippen immer leichter, sich zu finden, und immer schwerer, sich zu trennen. Es war grade, als ob die Wellen eines Flusses, der ins Meer strömt und die Wogen des Meeres, die zum Land ziehen, gegeneinanderprallen und aneinander empordrängen.

Und sie gingen langsam – langsam, – schwenkten noch ein paar kurze Schritte in eine kaum erleuchtete Seitenstraße mit niederen Häuschen ein, um dann wieder zum Hauptweg zurückzukehren. Und die Dämmerung wandelte sich mählich in zage Dunkelheit, und die Dunkelheit mählich in warme Nacht, in die die nasse Erde noch ihre Nebel und Dämpfe emporschickte, so daß der Himmel ganz tief hing und oben die paar einsamen Sterne wie mit rotgeweinten Augen blinzelten.

Und zehnmal nahmen sie sich es vor und versprachen sich mit heiligen Eiden, daß sie nun vernünftig sein wollten und ihrer Würde eingedenk, – und zehnmal brachen sie lachend ihre Versprechungen wieder. Und auf kurze Weilen der Lustigkeit und des kindlichen Lachens folgten Zeiten der versonnenen Nachdenklichkeit, und auf Scherzworte und nichtiges Geplauder – sie hatten sich auf einmal beide so furchtbar viel zu erzählen von Dingen, die weit zurücklagen, kleinen Eigenheiten, Jugend- und Schulerlebnissen – auf Nichtigkeiten, die nur für die beiden irgendwelchen Sinn hatten, folgten ernste und nachdenkliche Worte.

(...)

Und dann nahmen sie Abschied voneinander und reichten sich stumm die Hände, preßten sie und küßten sich und gaben sich wieder die Hände und küßten sich wieder, und rissen sich endlich voneinander, schmerzhaft und gewaltsam. Und als Jettchen Kößling schon lange nicht mehr sehen konnte, glaubte sie immer noch, ihn im Dunkel zu gewahren und seine Schritte zu hören.

Arthur Schnitzler
Und er fragte nicht weiter

Und nach langen, langen Fahrten hatte er die Blume gefunden, aus deren Säften er das herrliche Elixier bereitete. Das barg eine wunderbare, tückische Kraft. Wenn ein Tropfen davon über die Lippen eines Weibes kam, so mußten sie ihm das Bild nennen, das eben in ihrer Seele aufstieg...

Wie freudig war er heimgekehrt – nun nahte seiner Zweifel und seines Elends Ende. – Und er eilte zur Geliebten. In das erste Glas Wein, das sie an die Lippen führte, mengte er einen Tropfen seines Elixiers – da versank sie in Träume und schaute ins Leere mit matten, großen Augen. Er aber fragte sie bebend: »Woran erinnerst du dich?« – Und sie erwiderte: »An den großen blonden Mann, der mich geküßt hat, bevor ich dich kannte!« Da schauerte er zusammen – und er fragte nicht weiter; aber er verließ sie am nächsten Morgen.

Und schon die nächste Frau, der er sich nahte, wagte er nicht zu fragen, obwohl er ihr von dem verräterischen Trank ins Glas gegossen. Sie saßen zusammen; er sah sie lächeln wie jene andere, aber er fragte nicht – er wollte glücklich sein. Als er jedoch mit ihr in das dämmerige Gemach schritt, wo er selig werden sollte, und die Bäume des Parkes hereingrüßten und die Frühlingswinde wehten, da konnte er nicht länger an sich halten, und er sprach: »Woran denkst du –?« Sie lächelte sehnsuchtsvoll: »Ach, des Sängers denk' ich, der im letzten Frühling an einem Abend wie diesem unter den Bäumen des Parkes wartete, bis ich kam, um ihn zu herzen und zu küssen!« – Und wieder zuckte er zusammen und verließ sie. – Er fluchte dem Elixir, und ihm war, als wäre er mit allen seinen Zweifeln noch tausendmal glücklicher gewesen als jetzt. Mehr als einmal war er daran, den Trank zu vernichten, aber kaum hatte er den Trieb davongescheucht, so behütete er den Saft sorglicher als je zuvor. –

Und nun kam eine lange Zeit, da er ihn nicht brauchen wollte. Er lebte mit einer wunderbar schönen Frau zusammen, die zu ihm aufschaute wie zu einem Gott. Er sah, wie aus diesem Herzen alles weggeflohen war, seit er darin herrschte. Ein ungeahntes Gefühl der Sicherheit kam über ihn, und es kam die Stunde, da er sich sagte: »Nun darfst du wohl dein Glück versuchen!«

Sie weilten in Venedig, am Strande des Meeres; eben waren sie von einer Gondelfahrt zurückgekehrt. Der blaue Mondglanz kam über das Bett geschlichen, und sie flüsterten jene alten, immer gleich süßen Worte. Auf dem Balkon stand noch der Tisch mit den Resten ihres Mahles, auch das Glas, aus dem sie, ohne es zu ahnen, jenen Tropfen geschlürft hatte, den er hineingegossen. Und er fragte sie lächelnd, siegesgewiß: »Wessen denkst du?« Und sie erwiderte, mit einem feuchten Schimmer im Blick: »An den dunkeläugigen Gondoliere, der uns zu unserem Heim gerudert...« Da bebte er und eilte davon, tiefe Bitternis im Herzen...

Und weiter suchte er, in fiebernder Hast. Er wollte das reine, holde Wesen finden, das noch keinem gehört hatte vor ihm. – Und er fand sie. Sie war so jungfräulich, so ohnegleichen süß und wahr. Sie liebte ihn, und er verführte sie. – Es war eine Nacht, duftend von Frühling und Liebe. An seinen Lippen hing das Mädchen, und er fühlte, daß diesen Mund noch keiner berührt hatte vor seinem ersten Kuß. Und auch sie fragte er: »Mein geliebtes Kind, woran denkst du?« Und da schaute sie mit träumerischen Augen über ihn weg und sagte: »Ach, an den braunlockigen Jungen, mit dem ich im letzten Sommer an einem dämmerigen Abend auf der grünen Wiese gespielt und den ich so gerne geküßt hätte...«

Da löste er sich aus ihrer Umarmung und verließ sie, ohne sich mit einem Blick nach ihr umzuwenden.

E. T. A. Hoffmann
Eiskalte Lippen

Durch den Tanz und durch den reichlich genossenen Wein erhitzt, hatte Nathanael alle ihm sonst eigne Scheu abgelegt. Er saß neben Olimpia, ihre Hand in der seinigen und sprach hoch entflammt und begeistert von seiner Liebe in Worten, die keiner verstand, weder er, noch Olimpia. Doch diese vielleicht; denn sie sah ihm unverrückt ins Auge und seufzte einmal über's andere: Ach – Ach – Ach! – worauf denn Nathanael also sprach »O du herrliche, himmlische Frau! – Du Strahl aus dem verheißenen Jenseits der Liebe – Du tiefes

Gemüt, in dem sich mein ganzes Sein spiegelt« und noch mehr dergleichen, aber Olimpia seufzte bloß immer wieder: Ach, Ach! – Der Professor Spalanzani ging einigemal bei den Glücklichen vorüber und lächelte sie ganz seltsam zufrieden an. Dem Nathanael schien es, unerachtet er sich in einer ganz andern Welt befand, mit einemmal, als würd' es hienieden beim Professor Spalanzani merklich finster; er schaute um sich und wurde zu seinem nicht geringen Schreck gewahr, daß eben die zwei letzten Lichter in dem leeren Saal hernieder brennen und ausgehen wollten. Längst hatten Musik und Tanz aufgehört. »Trennung, Trennung«, schrie er ganz wild und verzweifelt, er küßte Olimpia's Hand, er neigte sich zu ihrem Munde, eiskalte Lippen begegneten seinen glühenden! – So wie, als er Olimpia's kalte Hand berührte, fühlte er sich von innerem Grausen erfaßt, die Legende von der toten Braut ging ihm plötzlich durch den Sinn; aber fest hatte ihn Olimpia an sich gedrückt, und in dem Kuß schienen die Lippen zum Leben zu erwarmen.

Klaus Mann
Und die Lippen sind wieder jene schön geschwungenen

Erst flüstert sie, dann ruft sie, und aus dem Ruf wird ein Aufschrei:

»Du bist sehr groß, Gott. Du bist der Gott der Rache. Du bist der Gott der Gnade. Du bist der Gott der Weisheit. Du bist unergründlich, Gott – Mein Gott, Du bist unergründlich!« schreit Elisabeth über die entstellte Leiche hin – und da sie es ausgesprochen, da sie es ausgeschrien hat, geschieht ihr, was rätselvoll und trostreich wie das Wunder ist. Die tränennassen Augen der Elisabeth werden sehend. Vor ihren sehend gewordenen Augen verändert und verwandelt sich das Antlitz Dessen, der ihr brüderlicher Freund gewesen ist. Schon ist das ruhende Gesicht auf dem Kissen nicht mehr die schwärzliche, gedunsene, beinah formlose Masse. Das Gesicht des brüderlichen Freundes erkennt Elisabeth wieder, wie sie es gekannt und geliebt hat, seit eh und je. Da ist es noch einmal, das weiche Gelock über einer Stirne, von welcher Glanz kommt. Der strahlende und trauernde Blick, begnadet mit allen Reizen der Schwermut: da ist er wieder. Und die Lippen sind wieder jene schön geschwungenen, zugleich zärtlichen und etwas trotzigen, die ihre Küsse immer denen verweigerten, die ihrer begehrten, und sie stets an die verschwendeten, die sich vor ihnen entsetzten oder über sie lachten.

Was nützt es Elisabeth, diese Schönheit wiederzusehen? Umglänzt von dem Glorienschein seiner Legende, erscheint vor ihr noch einmal der junge König, der Neunzehnjährige mit dem Purpur über silberner Rüstung, der Geliebte des Volkes, Lohengrin, dessen schimmernden Nachen der Schwan führt. Solches Bild empfängt Elisabeth. Lindert es ihren Schmerz? Oder ist es schon nicht mehr der Schmerz, was Elisabeth nun empfindet?

Da sie Gott als den Unergründlichen angerufen und angeschrien hat, gefällt es Seiner unbegreiflichen Güte, die arme Frau am Lager des Ertrunkenen für die Dauer eines Augenblickes *wissend* zu machen. Ach, dieser unbeschreibliche, enorme Augenblick kann nicht dauern! Wenn er vorüber ist – wie geschwinde wird er vorüber sein! – muß wieder Dumpfheit über Elisabeth kommen, und blinder Jammer, und zehntausend Mal noch wird sie vor sich hin flüstern die trostlose Frage: ›Mein Gott, warum *mußte* das sein?‹

Aber eben, daß es sein *mußte* – eben den Sinn des Unfaßbaren begreift während dieser einen unbeschreiblichen, enormen Sekunde ihr verwundetes, vom Wunder erhelltes

Herz. Worte vermögen es nicht auszusagen und nicht anzudeuten, was Elisabeth, die schwesterliche Freundin des Toten, mit ahndungsvollem Schauer erfährt.

Ein ungeheures Licht fällt auf sein Schicksal, und auf das ihre. Sie versteht seinen Tod, und sie weiß den Tod voraus, der ihr selber bestimmt ist. Sie weiß auch, warum sie und der brüderliche Freund nicht zueinander finden durften, obwohl sie sich doch geliebt haben. Sie weiß alles. Ihr Herz füllt sich bis zum Rande mit Wissen, so wie Herzen sich zuweilen bis zum Rande mit Zärtlichkeit füllen. Aber weder das Wissen, noch die Zärtlichkeit zu halten, sind die Menschenherzen stark genug.

Das große Wissen, mit dem die arme Elisabeth für eine kurze, überwältigende Weile sich beschenkt findet, enthält viel mehr in sich, als nur den flüchtigen Einblick in die unentrinnbaren Gesetze, die über ihrem Leben und über dem des brüderlichen Freundes stehen. Wem es gestattet ist, über zwei Menschenschicksale – über das eigene und über das Schicksal Dessen, den man geliebt hat – für einen Augenblick den tiefen Bescheid zu wissen, der findet sich – aber ach, nur die *eine* erhellte Sekunde lang! – auch eingeweiht in andere Mirakel. Das riesenhafte Gemisch aus Qual und Wonne, aus Schluchzen und Entzücken, das ihm die Brust bewegt, läßt ihn erahnen, wie Manches und Vieles zusammenhängt und sich ordnet, was bis dahin rätselhaft verschlungen und selbst grauenhaft schien.

Benutze den enormen Augenblick, arme Elisabeth, um dich zusammen zu raffen, um die schöne Haltung wieder anzunehmen, die von dir, der trauernden Majestät, erwartet und sogar gefordert wird! Bedenke doch: der große Augenblick ist flüchtig wie ein Lidschlag! Eiliger als ein Lächeln, spurloser als ein Schluchzen geht er vorbei! Nutze ihn, arme Kaiserin! Hebe das Haupt!

Es gelingt ihr. Sie hebt den Kopf. Sie befreit sich von der

welken und doch so rüstigen Kammerfrau. Sie breitet die Arme. Ihr Gesicht sinkt ein wenig nach hinten. Im Faltenwurf ihres Mantels, das leidvolle Antlitz verklärt, gleicht sie einer Statue des Schmerzes – einer Mater Dolorosa gleicht Elisabeth, wie sie sich nun, in die Kniee stürzend, den Oberkörper nach vorne werfend, mit wundervoller Gebärde über den Toten hinbreitet, seine Hände mit ihren Küssen bedeckt. Über das Kissen, auf dem sein Haupt ruht, fällt ihr dunkles, reiches, kostbares Haar wie ein schöner Regen. Es ist, als wolle sie die Kahlheit seines blumenlosen Lagers mit ihrem Haar und ihrem Mantel schmücken.

Carl Spitzweg
's letzte Kussen

All Abend, wenn ins Bett i geh,
Da hör i's – schwör a drauf –,
Wie hoamli sagt der Tod zum Schlaf:
»Den hebst a weng noch auf!«

Bis itzt hat der a ghorcht ganz gut,
Der Schlaf, i muß 'n lobn,
Daß er, wie ihm es gschafft ist wor'n,
Hat sicher mi aufghobn.

Konnst gar nix macha – wolltst a gern,
Umsonst is – weils so is,
Guat woaß i, daß der Tag nit fern,
Wo 's Aufstehn i vergiß.

Und hab i einst verschlafen schon,
So bitt i, weckts mi auf,
Daß i enk nomal kussn kon,
Wenn i a nimmer schnauf.

Ohne jeden Zweifel – ein Kuß

Tommaso Landolfi
Ohne jeden Zweifel – ein Kuß

Notar D., Junggeselle, noch nicht alt, doch verdammt schüchtern gegenüber dem weiblichen Geschlecht, löschte das Licht und schickte sich zum Schlafen an; und fühlte dann etwas auf seinen Lippen: gleichsam einen Hauch oder, besser, die zarte Berührung durch eine Feder. Er beachtete es nicht sonderlich, konnte es ja etwas von der Zudecke bewegte Luft oder auch ein kleiner Nachtfalter gewesen sein, und sank in Schlaf. Aber in der nächsten Nacht hatte er wieder dieses Empfinden, und noch deutlicher: statt wegzugleiten, verhielt dieses gewisse Etwas auf seinen Lippen. Ziemlich überrascht, wenn nicht erschrocken, knipste der Notar das Licht wieder an und sah sich vergebens um; schüttelte sodann den Kopf und schlief auch dieses Mal, obgleich minder angenehm. In der dritten Nacht schließlich wurde dieses Etwas noch spürbarer und offenbarte sich als das, was es war: ohne jeden Zweifel ein Kuß! Man hätte sagen können, ein Kuß von der Dunkelheit selber, als versammle sich die Dunkelheit für einen Augenblick auf dem Mund des Notars. Welcher es freilich in dieser Art auffaßte: ein Kuß ist immer ein Kuß, und obzwar dieser hier ein klein wenig dürr und mitnichten etwas feucht und süß war, wie er einen solchen erträumte, handelte es sich allemal um eine Himmelsgabe. Wahrscheinlich war es eine Projizierung seiner geheimsten Gefühle, demnach eine Halluzination; eine willkommene noch dazu. Verwirrt, entzückt, verblüfft und starr wie ein Klotz blieb unser Notar in der (von ihm nicht zu Unrecht als Hochzeitsladerin bezeichneten) Dunkelheit liegen; und hatte nach einer Weile die Freude eines nochmaligen Kusses.

Von Nacht zu Nacht nahmen die Küsse an Häufigkeit

und Festigkeit zu, wobei der Notar freilich nie den Geschmack eines weiblichen Mundes wiedererkennen oder überhaupt erkennen konnte. Und hier wurde der Notar gegen jeden Rat seiner altbewährten Vernunft von dem ungesunden Verlangen ergriffen, jenes Geschöpf, das sie ihm schenkte, irgendwie zu veranlassen, sich zu offenbaren: er war es leid, jedesmal die Luft zu umklammern, und ein Kuß setzt doch wohl ein Geschöpf voraus, das ihn hergibt, nicht wahr! Mag dieses noch so zart und ätherisch sein, eine Möglichkeit muß es schließlich geben, es zu verfestigen, es umarmen zu können; mein Gott, es war ja nicht so, daß er das Gefühl für jegliche Beziehung verloren hatte, und zunächst meinte er vielleicht oder gab sich der Illusion hin, sein Verlangen sei im Spiel gewesen und habe die Halluzination spürbarer gemacht; aber schon bald hatte er keinen Zweifel mehr am realen Dasein einer Küssenden.

Doch um der Sache näher zu kommen: wie konnte man sie dazu bringen, sich weniger exklusiv zu äußern, sie zur Verkörperlichung bewegen? Der Notar erkannte ganz richtig, daß ihm diesbezüglich nur psychische Mittel zur Verfügung standen; weshalb er nun alle Male, wenn er geküßt wurde, sich darauf konzentrierte, seinen eigenen Willen und seine eigenen Energien auszuschicken, gerade so, als wolle er in eben dem Augenblick einen Bruchteil der unbegreifbaren Kreatur, ihres Fluidums oder ihrer Substanz einfangen; Bruchteile, die, aneinandergereiht, am Ende irgendein Wesen ergeben müßten. Zu solchem Tun kamen dann noch Maßnahmen zur generellen Hervorrufung oder Stimulation aus dem Dunkel. Und in der Tat, ob nun diese Methode richtig war oder ob aus anderen Gründen, die Früchte all dieser Mühen ließen nicht lange auf sich warten.

Es muß vorausgeschickt werden, daß sein Zimmer auf einen engen Hof ging und dergestalt zur Nachtzeit keinerlei

Licht von draußen bekam; was zu verhindern im übrigen der am Fenster vorhandene Rolladen genügt hätte, dessen Lamellen sich ausnahmsweise auch passend zusammenfügten. Bei all dieser Kohlrabenschwärze glaubte der Notar eines Nachts so etwas wie eine andere Schwärze, eine noch dunklere Schwärze zu erkennen; nennen wir es absurderweise einen Schatten, nur war nicht recht zu begreifen, wo er sich befand und welche Umrisse er besaß. Erstaunlicher noch, in einer anderen Nacht erhob sich in dem Zimmer so etwas wie eine blutige Aurora: ein schwaches und unheimliches Leuchten, das vom Boden aufstieg und sich in der Höhe fast wie ein Nordlicht entfaltete, schauernd und flatternd, und mählich verlosch. Endlich (und damit kommen wir zu einer anderen Art von Geschehen) konnte er eines Abends in aller Deutlichkeit aus einer Ecke ein unterdrücktes Lachen hören, allerdings ein eisiges, keineswegs fröhliches, ein widernatürliches Lachen.

Angesichts solcher Ergebnisse wußte der Notar nicht, ob er Freude oder Schauder empfinden solle: begab es sich doch, daß sich die Kreatur als eine ganz andere als die ersehnte herausstellte, einmal davon abgesehen, daß sie zu weiteren Konzessionen wohl nicht bereit war. Hin- und hergerissen zwischen beiden, unterbrach er für eine Weile seine Beschwörungspraktiken; mitnichten aber hörte jene damit auf, sich verschiedentlich bemerkbar zu machen. Was die Küsse betraf, so waren sie indessen verzehrend geworden. Und er, abgemagert, erschöpft und wie ausgehöhlt, schlaf- und appetitlos geworden, fragte sich voller Angst, ob er es denn nicht zu weit getrieben habe; mit seiner Arbeit ging es katastrophal bergab, seine Gesundheit war ernstlich gefährdet, so konnte es jedenfalls nicht weitergehen. Weshalb er am Ende zu dem späten Entschluß kam, der ihm womöglich ganz zu Anbeginn schon von Nutzen gewesen wäre: er nahm sich vor, bei Licht zu schlafen. Dieser Entschluß, das Spiel für verloren zu geben und auf alles zu verzichten, war keine geringe Zumutung für seine romantische Veranlagung; doch ist nicht minder richtig, daß seine erste Begeisterung, als er sich von diesen geheimnisvollen Aufmerksamkeiten bedacht gesehen, schon lange einem Gefühl unmittelbar drohender Gefahr gewichen war. Was und wie auch immer, er schlief jetzt bei Licht. Nenne es schlafen!

Eine Zeitlang ging alles gut, und er konnte ein wenig aufatmen, obwohl er das Empfinden hatte, es fehle ihm etwas; doch eines Nachts, und gar bei hellem Licht, erhielt oder erlitt er wiederum einen Kuß. Um es genau zu sagen, schlief er da gerade (recht und schlecht) und konnte, als er aus dem Schlaf aufschreckte, auch meinen, er habe geträumt; doch als er wieder entschlummert, das heißt eigentlich, noch zwischen Wachen und Schlafen war, preßte sich ihm erneut ein kühner Kuß auf die Lippen. »Preßte sich«, so pflegt man wohl zu sagen; tatsächlich war dieser Kuß wie ein Tornado. Der Notar begriff sofort, daß dieses Wesen, da es nunmehr von der Dunkelheit nicht mehr profitieren konnte, sich seinen Schlaf zunutze machte und nichts auf der Welt es davon würde zurückhalten können. Zugleich wurde ihm die schon seit langem immer wieder verdrängte grausame Ahnung zur Gewißheit: das Wesen nährte sich von ihm, wurde groß und stark von seinem Blut, seinem Leben und seiner Seele.

Diese Bestätigung bewirkte, daß dem Notar auch noch seine restlichen Kräfte schwanden und er in eine dumpfe Resignation verfiel; von hier an ward sein Dasein nichts anderes als ein langes, kaum noch allzu langes Warten auf den unweigerlichen Tod.

Idiotisch, grotesk war ein derartiges Geschehnis, und doch gab es offensichtlich keine Möglichkeit, sich zur Wehr zu setzen; grotesk und auch tragisch, wie so oft. Fliehen? Aber wohin denn, und was sollte eine Flucht schon bringen, falls er sich das Wesen gar selber eingebildet hatte? Und wo waren die Kraft und der Wille dazu? Dann schon eher dieses in seinem Tun begünstigen, damit alles so rasch wie möglich über die Bühne ging; und den Versuch machen, es zu sehen oder wenigstens doch flüchtig zu sehen, jetzt, da es sich gekräftigt hatte. Ja, das einzige Gefühl, das in ihm noch fortbestand, war so etwas wie eine infame Neugierde, derer er sich wohl schämte, doch der gegenüber er sich machtlos fühlte. Er löschte wieder das Licht: die beste Art, dem Wesen Sicherheit und Dreistigkeit zu verleihen.

Vielerlei sah und erlebte er in den Nächten seiner Agonie, alles grauenhaft absurde Dinge. Zuerst schien es wie eine ungeheuere Masse zu sein, die das ganze Zimmer füllte, welches trotz alledem eigentümlich leer war und sich in der tiefen Dunkelheit ringsum ebenso verdeutlichte, wie sich eine Leere in einer anderen Leere verdeutlichen kann, ähnlich gewissen Löchern in der Schwärze des kosmischen Raums; an ihr ein Gewimmel von Fortsetzungen oder Füßen oder Tentakeln, die sich schier unter der Macht eines okkulten Windes krümmten und wieder reckten. Dann verformte sich plötzlich diese negative Masse, diese Blase aus Leerheit zu etwas extrem Dünnem, Intensivem, Eindringlichem, das sich in tausend Rinnsale zerteilte, alles und jedes und ihn selber in der Art eines kapillaren Kreislaufes durchdrang. Oder es verbreitete sich im Zimmer ein dünner süßlich-fauliger Geruch, der unbegreifliche Bilder, nie gesehene Landschaften hervorrief. Oder es war nur ein Empfinden, eher einer flüchtigen Erinnerung ähnlich, das mit unbegreifbar erschreckender Wirkung sich selber vorwegzunehmen oder alles, jedes wahrscheinliche Erlebnis hinter sich zu lassen oder auch dem Unförmigen, gar Nichtexistenten die Stirn zu bieten schien. Und wieder unterdrücktes Lachen, eisiges Feixen, leise Berührungen wie Schauder; und ein bitterer Geschmack, der doch nur durch die ganze Körperoberfläche wahrgenommen wurde.

Doch indessen waren die Stunden des Notars gezählt. In der letzten Nacht tat sich vor seinen Augen (denen des Körpers und denen der Seele) eine riesige umgekehrte Schlucht auf, ein graugetönter Abgrund, einer Gebärmutter oder einem Muschelgehäuse vergleichbar; stand über ihm und rief ihn aus der höchsten Höhe der Spirale. Seine ausgetrocknete und schuppig gewordene Haut bekam zugleich eine fahle Phosphoreszenz, die kein Zeichen von Leben, sondern von Auflösung war: die, aus welcher sich Irrlichter erheben. Er sah sich als Fisch der Tiefe, mattschimmernd im schwarzen Abgrund; und nun besaß er kein Blut mehr, statt dessen dies schwache Licht, das im nächsten Augenblick ebenfalls verlöschen würde; es war das Ende. Er gab sich hin; und vielleicht widerfuhr es ihm in jenem letzten Augenblick, als Lohn für seine Hingabe, derjenigen ins Gesicht zu schauen, die ihn aus dem Leben gesaugt hatte und ihm nun den allerletzten Kuß entriß.

Er war. Ende. Das unbekannte Wesen erhob sich von der leeren sterblichen Hülle und durchzog die Welt.

Johann Wolfgang Goethe
Vollmondnacht

Herrin! sag' was heißt das Flüstern?
Was bewegt dir leis' die Lippen?
Lispelst immer vor dich hin,
Lieblicher als Weines Nippen!
Denkst du deinen Mundgeschwistern
Noch ein Pärchen herzuziehn?
»Ich will küssen! Küssen! sagt ich.«

Schau! Im zweifelhaften Dunkel
Glühen blühend alle Zweige,
Nieder spielet Stern auf Stern,
Und, smaragden, durchs Gesträuche
Tausendfältiger Karfunkel;
Doch dein Geist ist allem fern.
»Ich will küssen! Küssen! sagt ich.«

Dein Geliebter, fern, erprobet
Gleicherweis' im Sauersüßen,
Fühlt ein unglückselges Glück.
Euch im Vollmond zu begrüßen
Habt ihr heilig angelobet,
Dieses ist der Augenblick.
»Ich will küssen! Küssen! sag' ich«

Autoren- und Quellenverzeichnis

Arnim, Achim von
Sie gab, was mich verarmet, S. 117; aus: Gedichte. Band 1. T.F.A. Kühn, Weimar 1856. S. 256f. (Die Orthographie wurde behutsam modernisiert)

Arnim, Elizabeth von
Sie fühlte sich verschlungen, S. 117; aus: Verlobung in Luzern. Roman. Aus dem Englischen von Helga Herborth. Insel Verlag, Frankfurt am Main und Leipzig 1997 (insel taschenbuch 1965). S. 67-74

Baricco, Alessandro
Dann nahm sie die Tasse von den Lippen, S. 128; aus: Seide. Roman. Übersetzt von Karin Krieger. © Piper Verlag GmbH, München 1996. S. 32f.

Barnes, Julian
Hey, ich hatte eine Französin geküßt, S. 86; aus: Metroland. Übersetzt von Gertraude Krueger. © 1991 by Haffmans Verlag AG Zürich. S. 115f.

Barylli, Gabriel
Weingeistbildung durch intensives Küssen, S. 27; aus: Butterbrot. Roman. © 1989 by Nymphenburger Verlag in der F.A. Herbig Verlagsbuchhandlung GmbH, München. S. 148-151

Bassani, Giorgio
Es war zwecklos, S. 106; aus: Die Gärten der Finzi Contini. Roman. Übersetzt von Herbert Schlüter. © Piper Verlag GmbH, München 1963. S. 260f.

Becker, Jurek
Gern hätte ich den Fernseher ausgemacht, S. 147; aus: Romeo. In: Nach der ersten Zukunft. Erzählungen. Suhrkamp Verlag, Frankfurt am Main 1980. S. 124-127

Biermann, Wolf
Ballade von der beißwütigen Barbara, S. 72; aus: Alle Lieder. © 1991 by Verlag Kiepenheuer & Witsch Köln

Bilz, Rudolf
Diese offenbar sinnlose Berührung der Lippen, S. 45; aus: Paläoan-

thropologie. Der neue Mensch in der Sicht einer Verhaltensforschung. Band 1. Suhrkamp Verlag, Frankfurt am Main 1971. S. 94 f., S. 103

Bufalino, Gesualdo

Einmal versprach sie einen Kuß, S. 101; aus: Museum der Schatten. Geschichten aus dem alten Sizilien. Übersetzt von Maja Pflug. Verlag Klaus Wagenbach, Berlin 1992. S. 68

Busch, Wilhelm

Die beiden Schwestern, S. 134; aus: Sämtliche Werke. Band 1: Und die Moral von der Geschicht. Herausgegeben von Rolf Hochhuth. Bertelsmann Verlag, München 1982. S. 770-778

Busta, Christine

Versuch einer Definition, S. 77; aus: Inmitten aller Vergänglichkeit. Gedichte. © Otto Müller Verlag, Salzburg 1985. S. 75

Canetti, Elias

Ich küßte sie immer wieder, S. 80; aus: Die gerettete Zunge. Geschichte einer Jugend. S. Fischer Verlag, Frankfurt am Main 1993. S. 54-57. Abdruck mit freundlicher Genehmigung des Carl Hanser Verlags, München

Chamisso, Adelbert von

Küssen will ich, ich will küssen, S. 17; aus: Sämtliche Werke. Band 1: Prosa. Dramatisches. Gedichte. Nachlese der Gedichte. Winkler Verlag, München 1975. S. 155 f.

Fontane, Theodor

Aber sie entwand sich ihm, S. 109; aus: Mathilde Möhring. Insel Verlag, Frankfurt am Main 1988 (insel taschenbuch 1107)

Forster, Edward Morgan

Soviel zu Umarmung und Kuß, S. 144; aus: Zimmer mit Aussicht. Roman. Übersetzt von Werner Peterich. Goldmann Verlag, München o. J. S. 168 f. © 1986 by Nymphenburger Verlag in der F. A. Herbig Verlagsbuchhandlung GmbH, München

Fried, Erich

Nachtgedicht, S. 158; aus: Liebesgedichte. Verlag Klaus Wagenbach, Berlin 1979

Goethe, Johann Wolfgang
Die Welt verging ihnen, S. 161; aus: Die Leiden des jungen Werther. Mit einem Essay von Georg Lukács. Nachwort von Jörn Göres. Insel Verlag, Frankfurt am Main 1973 (insel taschenbuch 25). S. 150ff.; *Vollmondnacht*, S. 180; aus: West-östlicher Divan. Herausgegeben von Hans-J. Weitz. Insel Verlag, Frankfurt am Main 1988 (insel taschenbuch 75). S. 87f.
Grillparzer, Franz
Kuß, S. 53; aus: Sämtliche Werke. Ausgewählte Briefe, Gespräche, Berichte. Band 1: Gedichte. Epigramme. Dramen I. Herausgegeben von Peter Frank und Karl Pörnbacher. Carl Hanser Verlag, München 1969. S. 109
Grimm, Jacob und Wilhelm
Ich fürchte mich nicht, S. 102; aus: Dornröschen. In: Kinder- und Hausmärchen. Gesammelt durch die Brüder Grimm. Band 1. Insel Verlag, Frankfurt am Main 1975 (insel taschenbuch 112). S. 286-291

Hahn, Ulla
Anständiges Sonett, S. 57; aus: Herz über Kopf. Deutsche Verlags-Anstalt, Stuttgart 1981. S. 19
Hein, Christoph
Die Begierde überschwemmte meinen Körper, S. 65; aus: Horns Ende. Roman. Luchterhand Verlag, Darmstadt 1988. S. 148f. © Aufbau-Verlag, Berlin und Weimar 1985
Hemingway, Ernest
Ich will auch küssen, S. 90; aus: Wem die Stunde schlägt. Roman. Übersetzt von Paul Baudisch. S. Fischer Verlag, Frankfurt am Main 1995. S. 188f.
Hermann, Georg
Und dann nahmen sie Abschied voneinander, S. 163; aus: Jettchen Gebert. Roman. S. Fischer Verlag, Frankfurt am Main 1977. S. 147, S. 148f., S. 150. © für die deutsche Übersetzung: F. A. Herbig Verlagsbuchhandlung GmbH, München
Hoffmann, Angela
du umgekehrter märchenprinz du, S. 133; aus: Liebhabereien. Ein erotisches Lesebuch. Knaur Verlag, München 1991. S. 456f. © Angela Hoffmann

Hoffmann, E. T. A.
Eiskalte Lippen, S. 167; aus: Der Sandmann. Mit Illustrationen von Hugo Steiner-Prag und einem Nachwort von Jochen Schmidt. Insel Verlag Frankfurt am Main 1986 (insel taschenbuch 934). S. 48 f.

Hohler, Franz
Ein verheirateter Mann, S. 126; aus: Der Kuß. 3 Möglichkeiten. In: Die Rückeroberung. Erzählungen. © 1982 Hermann Luchterhand Verlag GmbH & Co. KG, Darmstadt und Neuwied. Jetzt: Luchterhand Literaturverlag GmbH, München. S. 47 f.

Jacobi, Johann Georg
Der erste Kuß, S. 77; aus: Sämtliche Werke. Band 2. Abt. 2. Orell, Füßli und Compagnie, Zürich 1825. S. 244

James, Henry
Sein Kuß war wie ein weißer Blitz, S. 63; aus: Bildnis einer Dame. Roman. Übersetzt von Hildegard Blomeyer. © 1950, 1957, 1996 by Verlag Kiepenheuer & Witsch Köln. S. 615 f.

Keun, Irmgard
Manchmal wird man auch mit glühenden Küssen bedeckt, S. 88; aus: Das Mädchen, mit dem die Kinder nicht verkehren durften. Deutscher Taschenbuch Verlag, München 1993. S. 127. © 1980 Claassen Verlag, Düsseldorf (jetzt Hildesheim)

Keyserling, Eduard von
Ein schicksalsvoller Mund, S. 124; aus: Wellen. Roman. S. Fischer Verlag, Frankfurt am Main 1982. S. 51 ff.

Kundera, Milan
Warum küßte er sie nicht ganz einfach, S. 136; aus: Die Unsterblichkeit. Roman. Übersetzt von Susanna Roth. © 1990 Carl Hanser Verlag München und Wien. S. 49 ff.

Landolfi, Tommaso
Ohne jeden Zweifel – ein Kuß, S. 175; aus: Der Kuß. In: Nachtschatten. Erzählungen. Band 1. Ausgewählt von Italo Calvino. Übersetzt von Heinz Riedt. Copyright © 1987 by Rowohlt Verlag GmbH, Reinbek. S. 161-168

Lasker-Schüler, Else

Dir, S. 161; aus: Werke und Briefe. Kritische Ausgabe. Band 1.1: Gedichte. Bearbeitet von Karl Jürgen Skrodzki unter Mitarbeit von Norbert Oellers. Jüdischer Verlag, Frankfurt am Main 1996. S. 62

Lessing, Doris

Jeder Kuß war eine kleine Haßzeremonie, S. 107; aus: Martha Quest. Roman. Übersetzt von Karin Kersten und Iris Wagner. © 1964 Doris Lessing. Klett-Cotta, Stuttgart 1981, 4. Aufl. 1996

Lessing, Gotthold Ephraim

Die Küsse, S. 32; aus: Werke. Band 1: Gedichte. Fabeln. Dramen. Herausgegeben von Kurt Wölfel. Insel Verlag, Frankfurt am Main 1967. S. 7 f.

Mann, Heinrich

Sie küßten keinen dezenten Kuß, S. 57; aus: Eine Liebesgeschichte. In: Novellen. Rowohlt Verlag, Reinbek 1992. S. 86 ff. Alle Rechte vorbehalten S. Fischer Verlag GmbH, Frankfurt am Main

Mann, Klaus

Und die Lippen sind wieder jene schön geschwungenen, S. 168; aus: Vergittertes Fenster. In: Speed. Die Erzählungen aus dem Exil. Herausgegeben von Uwe Naumann. Copyright © 1990 by Rowohlt Verlag GmbH, Reinbek. S. 96 ff.

Mann, Thomas

Küsse mich hierher, S. 67; aus: Mario und der Zauberer. In: Sämtliche Erzählungen. S. Fischer Verlag, Frankfurt am Main 1971. S. 562-565; *Poesie der Liebe*, S. 53; aus: Lotte in Weimar. Roman. S. Fischer Verlag, Frankfurt am Main 1959. S. 258; *So glücklich wie noch niemals in meinem Leben*, S. 84; aus: Buddenbrooks. Verfall einer Familie. S. Fischer Verlag, Frankfurt am Main 1988. S. 120 f.

Maupassant, Guy de

Schmatzende Küsse wie einst, S. 22; aus: Das Treibhaus. In: Novellen. Band 1. Übersetzt von Helmut Bartuschek und Karl Friese. Winkler Verlag, München 1973. S. 407-412. © Artemis & Winkler Verlag, Düsseldorf und Zürich

Mishima, Yukio

Dieser warme, honiggleiche Mund, S. 18; aus: Schnee im Frühling. Roman. Übersetzt von Siegfried Schaarschmidt. © 1985 Carl Hanser Verlag München und Wien. S. 92 und 93 ff.

Mörike, Eduard
Nimmersatte Liebe, S. 97; aus: Sämtliche Werke in 2 Bänden. Band 1. Herausgegeben von Gerhart Baumann. J. G. Cotta'sche Buchhandlung Nachf., Stuttgart 1961. S. 65
Moravia, Alberto
Jedenfalls waren Cecilias Küsse träge, S. 129; aus: La Noia. Roman. Übersetzt von Percy Eckstein und Wendla Lipsius. Rowohlt Verlag, Reinbek 1992. S. 86f. Abdruck mit freundlicher Genehmigung des Paul List Verlags, München

Panizza, Oskar
Der Kuß auf den Mund ist überhaupt gefährlich, S. 38; aus: Mama Venus. Texte zu Religion, Sexus und Wahn. Herausgegeben von Michael Bauer. © 1992 Luchterhand Literaturverlag GmbH, Hamburg/Zürich. Jetzt: Luchterhand Literaturverlag GmbH, München. S. 183-189
Parise, Goffredo
Jetzt küsse ich sie, S. 92; aus: Alphabet der Gefühle. Übersetzt von Christiane von Bechtolsheim. Verlag Klaus Wagenbach, Berlin 1996. S. 45-50
Pym, Barbara
Natürlich mußte sie wollen, daß er sie küßte, S. 140; aus: Tee und blauer Samt. Roman. Übersetzt von Dora Winkler. © Piper Verlag GmbH, München 1990. S. 120-123

Scheffel, Joseph Viktor von
Warum küssen sich die Menschen?, S. 37; aus: Der Trompeter von Säkkingen. In: Warum küssen sich die Menschen? Scheffel-Lesebuch. Verlag Die Libelle, Bottighofen am Bodensee 1992. S. 148 ff.
Schlegel, Friedrich
An Selinde, S. 112; aus: Kritische Friedrich-Schlegel-Ausgabe. Band 5. Abt. 1: Dichtungen. Herausgegeben von Hans Eichner. Schöningh Verlag, München/Paderborn/Wien. Zürich: Thomas 1962. S. 166f.
Schnitzler, Arthur
Und er fragte nicht weiter (aus: Die drei Elexiere), S. 165; *Und plötzlich küßte sie mich* (aus: Die Frau des Weisen), S. 30; in: Die Frau des Weisen und andere Erzählungen. Das Erzählerische Werk. Band 1. S. Fischer Verlag, Frankfurt am Main 1977. S. 87 ff.; S. 268 ff.

Spitzweg, Carl
's letzte Kussen, S. 171; aus: 's letzte Kussen. In: Und abends tu ich dichten. Gedichte und Zeichnungen. Gedichte und Zeichnungen. Herausgegeben von Eckhard Grunewald. Deutscher Taschenbuch Verlag, München 1985. S. 125
Strauß, Botho
Welche Lippen passen schon zusammen?, S. 44; aus: Bekannte Gesichter, gemischte Gefühle. Komödie. In: Theaterstücke I. © 1991 Carl Hanser Verlag München und Wien. S. 74
Stuparich, Giani
An jenem Abend wollten wir uns küssen, S. 151; aus: Tristan und Isolde. In: Ein Sommer in Isola. Geschichten von der Liebe. Übersetzt von Renate Lunzer. © 1991 Residenz Verlag, Salzburg und Wien. S. 74 ff., S. 77 ff. und 82 ff.

Uhland, Ludwig
Seliger Tod, S. 130; aus: Gedichte. Herausgegeben von Hans-Rüdiger Schwab. Insel Verlag, Frankfurt am Main 1987 (insel taschenbuch 928). S. 24

Vatsyayana, Mallanaga
Noch vor diesen Küssen sollte man sich mit Scherzspielen unterhalten, S. 47; aus: Das Dritte Adhyaya. Der Kuß. In: Das Kamasutra. Übersetzt von Kevin Rathgeb. Herausgegeben von Werner Heilmann. Wilhelm Heyne Verlag, München 1997. S. 67-72

Waberer, Keto von
Als seien die Küsse abgezählt, S. 138; aus: Zaubern in Davos. In: Der Schattenfreund. Liebesgeschichten. Deutscher Taschenbuch Verlag, München 1991. S. 148 ff. © 1988 by Verlag Kiepenheuer & Witsch Köln
Weiße, Christian Felix
Der Kuß, S. 101; aus: Scherzhafte Lieder. Faksimiledruck nach der Ausgabe von 1758. Herausgegeben von Paul Böckmann und Friedrich Sengle. Metzler Verlag, Stuttgart 1965. S. 134 (Die Orthographie wurde behutsam modernisiert)

Wilde, Oscar
Ja, ich werde deinen Mund küssen, S. 61; aus: Salome. Tragödie in einem Akt. In: Sämtliche Werke in 10 Bänden. Herausgegeben von Norbert Kohl. Band 4. Theaterstücke II. Übersetzt von Christine Hoeppener. Insel Verlag, Frankfurt am Main 1982 (insel taschenbuch 582). S. 41 ff.

Wohmann, Gabriele
Wiedersehen in Venedig, S. 146; aus: Ein unwiderstehlicher Mann. Rowohlt Verlag, Reinbek 1975. Abdruck mit freundlicher Genehmigung der Autorin

Woolf, Virginia
Diese gräßliche Sache, S. 87; aus: Zum Leuchtturm. In: Gesammelte Werke. Prosa. Übersetzt von Karin Kersten. Herausgegeben von Klaus Reichert. Band 6. S. Fischer Verlag, Frankfurt am Main 1991. S. 81 f.

Zola, Emile
Der Duft des ersten Kusses, S. 78; aus: Die Sünde des Abbé Mouret. Übersetzt von Elisabeth Eichholtz. Winkler Verlag, München 1975. S. 292 ff.